ABSOLUT MODE

ABSOLUT MODE

BRANCHE MIT VISIONEN | **BERUFE MIT ZUKUNFT**

04 | 184 ABSOLUT MODE :: VORWORT VON OLAF WULF **AMD EDITION**

Dieses Buch will zweierlei: Einerseits soll es jungen Menschen, die sich für Mode interessieren, einen Überblick über die Vielfältigkeit der Branche verschaffen. Es soll informieren und inspirieren, Tipps geben und zum Träumen anregen.

Andererseits ist es unsere Antwort auf die Zukunftsfähigkeit einer Branche, die sich in den letzten Jahren einem starken strukturellen Wandel unterzogen hat. Ein gutes Produkt allein garantiert heute längst nicht mehr Erfolg und Umsatz. Der Kunde von heute sucht nach Individualität, nach einem Image, das sein persönliches Lebensgefühl widerspiegelt. Um ein solches Image zu kreieren, braucht es Leute, die nicht nur über ein fundiertes modisches Know-how verfügen, sondern ein Gespür haben für gesellschaftliche Strömungen und Mut, diese in marktfähige Konzepte umzusetzen.

Für dieses Buch haben wir sie getroffen: die Macher in der Mode, die Großen und Kleinen, die Filialisten und Individualisten, die Trendsetter und Träumer. So unterschiedlich sie auch sein mögen, eines haben alle gemeinsam: ihre Leidenschaft für Mode.

»Absolut Mode« lebt diese Leidenschaft und geht ihr nach. Sie hat uns angetrieben und war zugleich unser Motor, stets weiterzumachen und dieses Buch fertig zu stellen. Zugegeben – von der Idee bis zum endgültigen Produkt war es ein langer Weg: Viele Leute, verschiedene Kompetenzen und unterschiedliche Meinungen mussten zusammenkommen, diskutiert und berücksichtigt werden, bis wir wussten, wo genau wir hinwollen. Kein klassischer Berufsratgeber sollte es werden, kein Adressverzeichnis, aber auch kein Bilderbuch, in dem sich die Branche selbst feiert.

»Absolut Mode« weckt Lust auf mehr, blickt hinter die Kulissen der großen und kleinen Modemacher – in journalistischer wie fotografischer Hinsicht. Es regt die Sinne an, gibt wertvolle Hinweise und wichtige Informationen.

Unser Dank gilt dabei besonders den Unternehmen, die bereitwillig ihre Türen öffneten, und den vielen Designern und Kreativen, die sich mit uns getroffen haben, um von ihren Berufen und Visionen zu erzählen. Er gilt auch und ganz besonders den Studenten der AMD und den Journalisten, die sich mit ihren Recherchen und Texten ins Zeug gelegt haben. Und schließlich einem engagierten Team, das sich in intensiver Zusammenarbeit das visuelle und inhaltliche Konzept von »Absolut Mode« ausgedacht hat.

Hinter jeder Seite steckt eine Menge Arbeit und viel Liebe zum Detail. Mit einem guten Buch ist es eben wie mit einem gut geschnittenen Anzug: Man weiß, was sitzt!

                Viel Spaß beim Lesen, Entdecken und Informieren,
                Olaf Wulf, Gründer AMD Gruppe

MENSCHEN, MUT & MODE

Zwölf deutsche Modedesigner geben in einem Steckbrief Auskunft: Über ihren Beruf und was sonst noch wichtig ist im Leben

10.	Susanne Bommer
11.	Ayzit Bostan
12.	C. L. von »Elternhaus«
13.	Eva Gronbach
14.	Ingken Benesch von »Hotel«
15.	Kai Dünhölter von »Hotel«
16.	Caroline Beeser von »Lin«
17.	Marion Kleinert
18.	Markus Lupfer
19.	Mari Otberg von »justmariot«
20.	Bitten Stetter von »Stetter Koetter«
21.	Bernhard Willhelm

MACHER & MÄRKTE

Die Modebranche hat ihre eigenen Regeln. Wer die verstanden hat, kann schnell ganz groß werden: Fünf Firmenporträts erklären, wie

24.	Freitag
30.	Tom Tailor
36.	Windsor
42.	Adidas
48.	Levi's

TRENDS & TRÄUME

Erfolgsrezepte sind von gestern! Was heute wichtig ist, sind einzigartige Ideen, das richtige Gespür und eine Menge Durchhaltevermögen. Dann geht fast alles. Wie, das erzählen Menschen, die es wissen müssen

56.	Ein Porträt über Katja Fuhrmann, Erfinderin von »MTV-Designerama«
60.	Ein Porträt über die holländische Stil- und Trendikone Li Edelkoort
64.	Zwei Menschen, ein Job: Ein Besuch bei Birgit Schlotterbek, der ehemaligen Modechefin von »Amica«, und Jane Garber, Modechefin von »Qvest«
68.	Ein Porträt über Götz Offergeld, den Mann, der die Modeagentur »Girault-Totem« nach Deutschland brachte
72.	Ein Kurzporträt über »As Four«, das Designerquartett der besonderen Art
76.	Eine Deutsche in New York: Ein Interview mit Uscha Pohl, der Herausgeberin des »Very-Styleguide«
80.	Neue deutsche Modemagazine: »Achtung«, »Deutsch«, »Zoo«, »Sleek«, »Squint«
83.	Interview mit Bryan Adams, Herausgeber des Magazins »Zoo«

BERUFE & BILDUNG

Was muss ich machen, wenn ich in der Modebranche arbeiten will? 22 Mode-Insider geben Auskunft. Plus Ausbildungsinformationen und Fortbildungstipps

ADRESSEN & KONTAKTE

Sind in der Modewelt das Wichtigste: Designer-Kontakte, PR-Agenturen und Modeschulen von A bis Z

86.	Einkäufer
90.	Gewandmeister
94.	Handelsvertreter
98.	Hutdesigner
102.	Kostümdesigner
106.	Modechoreograf
110.	Modedesigner
114.	Modefotograf
118.	Mode-PR-Berater
122.	Modejournalist
126.	Modezeichner
130.	Model
134.	Modelbooker
138.	Qualitätsmanager
142.	Schneider
146.	Schnittdirektrice
150.	Schuhmacher
154.	Strickdesigner / Stricktechniker
158.	Stylist
162.	Textildesigner
166.	Textilingenieur / Textiltechniker
170.	Visagist

176.	Designer-Kontakte National
176.	Designer-Kontakte International
179.	Mode-PR-Agenturen
180.	Modeschulen National
182.	Modeschulen International
184.	Impressum

WIE HEISST DU? SUSANNE BOMMER xxxxxxxxxxxxxxxxxxxxxxxxxxxx
WAS MACHST DU? Ich bin Modedesignerin, habe mein eigenes Label und einen Laden in München xxxxxxxxxxxxxxxxxxxxxxxxxxxxxxxxxxxxxxxxxxxxxxxxxxxxxxx
WANN UND WO BIST DU GEBOREN? Am 3. November 1964 in München xxxxxxxxxxxxx
WO LEBST DU HEUTE? In München xxxxxxxxxxxxxxxxxxxxxxxxxxxxxxxxxxxxxxxxxxx
WAS WOLLTEST DU WERDEN, ALS DU NOCH KLEIN WARST? Puppenmacherin, Modedesignerin x
WAS HAST DU FÜR DEINEN BERUF GETAN? Abitur, Modeschule xxxxxxxxxxxxxxxxxxx
WAS IST DEIN LIEBLINGSFILM? Doris-Day-Filme, Dokumentationen xxxxxxxxxxxxx
DEIN LIEBLINGSBUCH? Reise-Sachbücher, Liebesromane xxxxxxxxxxxxxxxxxxxxxx
WER IST DEIN LIEBLINGSDESIGNER? Oliver Theyskens xxxxxxxxxxxxxxxxxxxxxxxxx
WAS ISST DU AM LIEBSTEN? Kirschen xxxxxxxxxxxxxxxxxxxxxxxxxxxxxxxxxxxxxx
WIE KLEIDEST DU DICH? Schwarz xxxxxxxxxxxxxxxxxxxxxxxxxxxxxxxxxxxxxxxxxxx
WAS MACHST DU IN DEINER FREIZEIT AM LIEBSTEN? In die Berge gehen xxxxxxxxxxx
WAS MACHT DICH WÜTEND? Inkompetenz xxxxxxxxxxxxxxxxxxxxxxxxxxxxxxxxxxxxx
WAS GLÜCKLICH? Mein Baby und mein Boy xxxxxxxxxxxxxxxxxxxxxxxxxxxxxxxxxxx
WENN MAN DIR EINEN URLAUB SCHENKEN WÜRDE, WOHIN WÜRDE DIE REISE GEHEN? Nach Kambodscha
WAS IST DEIN TRAUM? Ein offenes Haus im Süden xxxxxxxxxxxxxxxxxxxxxxxxxxxx
xxxxxxxxxxxxxxxxxxxxxxxxxxxxxxxxxxxxxxxxxxxxxxxxxxxxxxxxxxxxxxxxxxxxxxxxxxxxxx
xxxxxxxxxxxxxxxxxxxxxxxxxxxxxxxxxxxxxxxxxxxxxxxxxxxxxxxxxxxxxxxxxxxxxxxxxxxxxx
xxxxxxxxxxxxxxxxxxxxxxxxxxxxxxxxxxxxxxxxxxxxxxxxxxxxxxxxxxxxxxxxxxxxxxxxxxxxxx
xxxxxxxxxxxxxxxxxxxxxxxxxxxxxxxxxxxxxxxxxxxxxxxxxxxxxxxxxxxxxxxxxxxxxxxxxxxxxx
xxxxxxxxxxxxxxxxxxxxxxxxxxxxxxxxxxxxxxxxxxxxxxxxxxxxxxxxxxxxxxxxxxxxxxxxxxxxxx
xxxxxxxxxxxxxxxxxxxxxxxxxxxxxxxxxxxxxxxxxxxxxxxxxxxxxxxxxxxxxxxxxxxxxxxxxxxxxx
xxxxxxxxxxxxxxxxxxxxxxxxxxxxxxxxxxxxxxxxxxxxxxxxxxxxxxxxxxxxxxxxxxxxxxxxxxxxxx

WIE HEISST DU? **AYZIT BOSTAN**
WAS MACHST DU? Ich bin Modedesignerin und Künstlerin
WANN UND WO BIST DU GEBOREN? Am 26. Juli 1968 in Ankara
WAS WOLLTEST DU WERDEN, ALS DU NOCH KLEIN WARST? Pilotin
WAS HAST DU FÜR DEINEN BERUF GETAN? Schneiderlehre, Studium an der Meisterschule für Mode
WAS IST DEIN LIEBLINGSFILM? »Eissturm«
DEIN LIEBLINGSBUCH? »Wittgensteins Neffe«
WER IST DEIN LIEBLINGSDESIGNER? Branquinho, Chalayan, Lang, Margiela
WAS ISST DU AM LIEBSTEN? Steak
WIE KLEIDEST DU DICH? Verschieden
WAS MACHST DU IN DEINER FREIZEIT AM LIEBSTEN? Ausstellungen besuchen, Reisen, Freunde treffen
WAS MACHT DICH WÜTEND? Schlechte Manieren
WAS GLÜCKLICH? Meine Arbeit, Musik
WENN MAN DIR EINEN URLAUB SCHENKEN WÜRDE, WOHIN WÜRDE DIE REISE GEHEN? Nach New York oder Venedig
WAS IST DEIN TRAUM?

WIE HEISST DU? **C.L.**
WAS MACHST DU? Ich bin Teil des Labels »Elternhaus – Mägde und Knechte«
WANN UND WO BIST DU GEBOREN? Am 18. März 1951 in Hilmarsum bei Emden
WO LEBST DU HEUTE? In mir, mit mir, in Hamburg
WAS WOLLTEST DU WERDEN, ALS DU NOCH KLEIN WARST? Bäuerin
WAS HAST DU FÜR DEINEN BERUF GETAN? Hab nicht studiert, nicht promoviert – aber viel ausprobiert
WAS IST DEIN LIEBLINGSFILM? »Gefährliche Liebschaften«
DEIN LIEBLINGSBUCH? »Krankheit als Weg« von Rüdiger Dahlke
WER IST DEIN LIEBLINGSDESIGNER? Ich verabscheue das Wort »Designer«. Ich mag Visionäre. Und die findet man eher in Kunst oder Wissenschaft
WAS ISST DU AM LIEBSTEN? Gänsebraten mit Rotkohl und Klößen
WIE KLEIDEST DU DICH? Möglichst so, dass ich damit keine Zeit verschwende
WAS MACHST DU IN DEINER FREIZEIT AM LIEBSTEN? Ich sitze gern sehr früh morgens auf meiner Außentreppe
WAS MACHT DICH WÜTEND? Endlose Warteschlangen und Lebensbürokratie
WAS GLÜCKLICH? Alle die am »Elternhaus – Mägde und Knechte« mitarbeiten: Bildende Künstler, Bauwagenbewohner, der Fotograf Daniel Josefsohn, Philosophen, Elektriker und Häkelfanatiker
WENN MAN DIR EINEN URLAUB SCHENKEN WÜRDE, WOHIN WÜRDE DIE REISE GEHEN? Ich reise nicht gern
WO SIEHST DU DICH IN ZWANZIG JAHREN? In einer Dorfgemeinschaft mit viel Ruhe, viel Erde, viel Wasser

WIE HEISST DU? **EVA GRONBACH**
WAS MACHST DU? Ich bin Modedesignerin und habe mein eigenes Label
WANN UND WO BIST DU GEBOREN? Am 16. Dezember 1971 in Köln
WO LEBST DU HEUTE? In Köln
WAS WOLLTEST DU WERDEN, ALS DU NOCH KLEIN WARST? Modedesignerin
WAS HAST DU FÜR DEINEN BERUF GETAN? Schneiderlehre, Modedesignstudium
WAS IST DEIN LIEBLINGSFILM? »Blue Velvet«
DEIN LIEBLINGSBUCH? Biografien
WER IST DEIN LIEBLINGSDESIGNER? Yohji Yamamoto
WAS ISST DU AM LIEBSTEN? Salate
WIE KLEIDEST DU DICH? Sehr verschieden. Mal still, manchmal extravagant
WAS MACHST DU IN DEINER FREIZEIT AM LIEBSTEN? Reisen
WAS MACHT DICH WÜTEND? Ungerechtigkeit
WAS GLÜCKLICH? Gerechtigkeit
WENN MAN DIR EINEN URLAUB SCHENKEN WÜRDE, WOHIN WÜRDE DIE REISE GEHEN? Nach Japan
WAS IST DEIN TRAUM? Mich weiter so auszudrücken wie jetzt. Immer in Bewegung bleiben

WIE HEISST DU? **INGKEN BENESCH** xxxxxxxxxxxxxxxxxxxxxxxxxxxxxx
WAS MACHST DU? Ich designe für »Hotel« xxxxxxxxxxxxxxxxxxxxxxxxxxx
WANN UND WO BIST DU GEBOREN? Am 21. Juli 1969 in Stuttgart xxxxxxxxxxx
WO LEBST DU HEUTE? In Hamburg xxxxxxxxxxxxxxxxxxxxxxxxxxxxxxxxxxxx
WAS WOLLTEST DU WERDEN, ALS DU NOCH KLEIN WARST? Mathematikprofessorin xxxxxxxxxxx
WAS HAST DU FÜR DEINEN BERUF GETAN? Lehre, Studium, Praktika xxxxxxxxxxxxx
WAS IST DEIN LIEBLINGSFILM? xxxxxxxxxxxxxxxxxxxxxxxxxxxxxxxxxxxxxxxx
DEIN LIEBLINGSBUCH? »Yoga für jedermann« xxxxxxxxxxxxxxxxxxxxxxxxxxx
WER IST DEIN LIEBLINGSDESIGNER? Kai Dünhölter xxxxxxxxxxxxxxxxxxxxxxxx
WAS ISST DU AM LIEBSTEN? Halbes Hähnchen mit Krautsalat xxxxxxxxxxxxxxx
WIE KLEIDEST DU DICH? In »Hotel« xxxxxxxxxxxxxxxxxxxxxxxxxxxxxxxxxxx
WAS MACHST DU IN DEINER FREIZEIT AM LIEBSTEN? Sex xxxxxxxxxxxxxxxxxxxxxxxx
WAS MACHT DICH WÜTEND? Straßenverkehr xxxxxxxxxxxxxxxxxxxxxxxxxxxxx
WAS GLÜCKLICH? Freie Fahrt, Loslassen xxxxxxxxxxxxxxxxxxxxxxxxxxxxxx
WENN MAN DIR EINEN URLAUB SCHENKEN WÜRDE, WOHIN WÜRDE DIE REISE GEHEN? Ins Innere xxxxxxxxxx
WO SIEHST DU DICH IN ZWANZIG JAHREN? Als Hauptaktionärin im Weltkonzern »Hotel«
xxxxxxxxxxxxxxxxxxxxxxxxxxxxxxxxxxxxxxxxxxxxxxxxxxxxxxxxxxxxxxxxx
xxxxxxxxxxxxxxxxxxxxxxxxxxxxxxxxxxxxxxxxxxxxxxxxxxxxxxxxxxxxxxxxx
xxxxxxxxxxxxxxxxxxxxxxxxxxxxxxxxxxxxxxxxxxxxxxxxxxxxxxxxxxxxxxxxx
xxxxxxxxxxxxxxxxxxxxxxxxxxxxxxxxxxxxxxxxxxxxxxxxxxxxxxxxxxxxxxxxx
xxxxxxxxxxxxxxxxxxxxxxxxxxxxxxxxxxxxxxxxxxxxxxxxxxxxxxxxxxxxxxxxx
xxxxxxxxxxxxxxxxxxxxxxxxxxxxxxxxxxxxxxxxxxxxxxxxxxxxxxxxxxxxxxxxx
xxxxxxxxxxxxxxxxxxxxxxxxxxxxxxxxxxxxxxxxxxxxxxxxxxxxxxxxxxxxxxxxx
xxxxxxxxxxxxxxxxxxxxxxxxxxxxxxxxxxxxxxxxxxxxxxxxxxxxxxxxxxxxxxxxx

WIE HEISST DU? **KAI DÜNHÖLTER**
WAS MACHST DU? Ich designe für »Hotel«
WANN UND WO BIST DU GEBOREN? Am 8. Mai 1970 in Bielefeld
WO LEBST DU HEUTE? In Hamburg
WAS WOLLTEST DU WERDEN, ALS DU NOCH KLEIN WARST? Berühmt
WAS HAST DU FÜR DEINEN BERUF GETAN? Studium, Praktika
WAS IST DEIN LIEBLINGSFILM? »Fleisch und Blut« von Michael Cunningham
DEIN LIEBLINGSBUCH? »Fleisch und Blut« von Michael Cunningham
WER IST DEIN LIEBLINGSDESIGNER? Ingken Benesch
WAS ISST DU AM LIEBSTEN? Nougat
WIE KLEIDEST DU DICH? Jeans und Shirt
WAS MACHST DU IN DEINER FREIZEIT AM LIEBSTEN? Fernsehen
WAS MACHT DICH WÜTEND? Werbeunterbrechungen
WAS GLÜCKLICH? »Unsere kleine Farm«
WENN MAN DIR EINEN URLAUB SCHENKEN WÜRDE, WOHIN WÜRDE DIE REISE GEHEN? Nach Balkonia
WAS IST DEIN TRAUM? Chefdesigner bei Escada

WIE HEISST DU? CAROLINE BEESER
WAS MACHST DU? Ich designe unter meinem eigenen Label »Lin«
WANN UND WO BIST DU GEBOREN? Am 25. April 1972 in Puerto de la Cruz auf Teneriffa
WO LEBST DU HEUTE? In Frankfurt am Main
WAS WOLLTEST DU WERDEN, ALS DU NOCH KLEIN WARST? Designerin
WAS HAST DU FÜR DEINEN BERUF GETAN? Schneiderlehre, Modedesignstudium an der AMD und am Central St. Martins in London
WAS IST DEIN LIEBLINGSFILM? »Shelter«
DEIN LIEBLINGSBUCH? »Meister und Margarita« von Michail Bulgakow
WER IST DEIN LIEBLINGSDESIGNER? Courrèges
WAS ISST DU AM LIEBSTEN? Schokoeis
WIE KLEIDEST DU DICH? High Heels und Jeans
WAS MACHST DU IN DEINER FREIZEIT AM LIEBSTEN? Reisen
WAS MACHT DICH WÜTEND? Mein Freund
WAS GLÜCKLICH? Mein Freund
WENN MAN DIR EINEN URLAUB SCHENKEN WÜRDE, WOHIN WÜRDE DIE REISE GEHEN? Ans Meer
WAS IST DEIN TRAUM? Der Weg ist das Ziel

WIE HEISST DU? **MARION KLEINERT**
WAS MACHST DU? Ich designe unter meinem Namen und habe einen Laden in München
WANN UND WO BIST DU GEBOREN? Am 3. April 1972 in Ingolstadt
WO LEBST DU HEUTE? In München
WAS WOLLTEST DU WERDEN, ALS DU NOCH KLEIN WARST? Indiana Jones
WAS HAST DU FÜR DEINEN BERUF GETAN? Studium an der Esmod München, danach vier Jahre Assistenz bei Susanne Wiebe
WAS IST DEIN LIEBLINGSFILM? »Die fabelhafte Welt der Amélie«
DEIN LIEBLINGSBUCH? Alles von Amelie Nothómb
WER IST DEIN LIEBLINGSDESIGNER? Matthew Williamson
WAS ISST DU AM LIEBSTEN? Kreolisch
WIE KLEIDEST DU DICH? Bunt und lustig
WAS MACHST DU IN DEINER FREIZEIT AM LIEBSTEN? Zu Musikkonzerten gehen
WAS MACHT DICH WÜTEND? Unentschlossene Menschen
WAS GLÜCKLICH? Reisen
WENN MAN DIR EINEN URLAUB SCHENKEN WÜRDE, WOHIN WÜRDE DIE REISE GEHEN? Nach Tokio
WAS IST DEIN TRAUM? Am Ende meines Lebens sagen zu können, dass ich ein glückliches und erfülltes Leben hatte

WIE HEISST DU? **MARKUS LUPFER** xxxxxxxxxxxxxxxxxxxxxxxxxxxxxxxx
WAS MACHST DU? Ich designe unter meinem Namen und entwerfe u. a. für »Topshop« und »Kangol« xxxxxxxxxxxxxxxxxxxxxxxxxxxxxxxxxxxxxxxxxxx
WANN UND WO BIST DU GEBOREN? Am 28. September 1971 in Wangen im Allgäu xxxxxxx
WO LEBST DU HEUTE? In London xxxxxxxxxxxxxxxxxxxxxxxxxxxxxxxxxxxxxxxxxxxx
WAS WOLLTEST DU WERDEN, ALS DU NOCH KLEIN WARST? Koch xxxxxxxxxxxxxxxxxxxxxxx
WAS HAST DU FÜR DEINEN BERUF GETAN? Studium an der University of Westminster, BA in Fashion Design xxxxxxxxxxxxxxxxxxxxxxxxxxxxxxxxxxxxxxxxxxxxxxxxx
WAS IST DEIN LIEBLINGSFILM? »Leolo« xxxxxxxxxxxxxxxxxxxxxxxxxxxxxxxxxxxxxxxx
DEIN LIEBLINGSBUCH? »Green Eyes« xxxxxxxxxxxxxxxxxxxxxxxxxxxxxxxxxxxxxxxxx
WER IST DEIN LIEBLINGSDESIGNER? Helmut Lang xxxxxxxxxxxxxxxxxxxxxxxxxxxxxx
WAS ISST DU AM LIEBSTEN? Dampfnudeln xxxxxxxxxxxxxxxxxxxxxxxxxxxxxxxxxxxx
WIE KLEIDEST DU DICH? Lässig, sportlich, relaxed in Jeans und T-Shirt xxxxxxxxxx
WAS MACHST DU IN DEINER FREIZEIT AM LIEBSTEN? Reisen, tauchen xxxxxxxxxxxxxxx
WAS MACHT DICH WÜTEND? Faulheit xxxxxxxxxxxxxxxxxxxxxxxxxxxxxxxxxxxxxxxxx
WAS GLÜCKLICH? Freizeit xxxxxxxxxxxxxxxxxxxxxxxxxxxxxxxxxxxxxxxxxxxxxxxx
WENN MAN DIR EINEN URLAUB SCHENKEN WÜRDE, WOHIN WÜRDE DIE REISE GEHEN? Nach Madagaskar
WAS IST DEIN TRAUM? Dreiviertel aller Kollektionen entworfen zu haben xxxxxxxxx
xxxxxxxxxxxxxxxxxxxxxxxxxxxxxxxxxxxxxxxxxxxxxxxxxxxxxxxxxxxxxxxxxxxxxxxx
xxxxxxxxxxxxxxxxxxxxxxxxxxxxxxxxxxxxxxxxxxxxxxxxxxxxxxxxxxxxxxxxxxxxxxxx
xxxxxxxxxxxxxxxxxxxxxxxxxxxxxxxxxxxxxxxxxxxxxxxxxxxxxxxxxxxxxxxxxxxxxxxx
xxxxxxxxxxxxxxxxxxxxxxxxxxxxxxxxxxxxxxxxxxxxxxxxxxxxxxxxxxxxxxxxxxxxxxxx
xxxxxxxxxxxxxxxxxxxxxxxxxxxxxxxxxxxxxxxxxxxxxxxxxxxxxxxxxxxxxxxxxxxxxxxx

WIE HEISST DU? MARI OTBERG

WAS MACHST DU? Ich designe unter meinem Label »justmariot« und habe einen Laden in Berlin

WANN UND WO BIST DU GEBOREN? Am 12. Juni 1969 in Stuttgart

WO LEBST DU HEUTE? In Berlin

WAS WOLLTEST DU WERDEN, ALS DU NOCH KLEIN WARST? Reich und berühmt

WAS HAST DU FÜR DEINEN BERUF GETAN? Schneiderlehre, Modedesignstudium, vier Jahre Auslandsaufenthalt in London. Und ich habe immer an mich geglaubt

WAS IST DEIN LIEBLINGSFILM? »Instituta Benjamenta« von Brothers Quay

DEIN LIEBLINGSBUCH? »L'orage« von Régine Deforges

WER IST DEIN LIEBLINGSDESIGNER? Der liebe Gott

WAS ISST DU AM LIEBSTEN? Weißen Spargel mit Butter und Salz

WIE KLEIDEST DU DICH? Smart

WAS MACHST DU IN DEINER FREIZEIT AM LIEBSTEN? In Schlossgärten flanieren

WAS MACHT DICH WÜTEND? Unzuverlässigkeit, Unpünktlichkeit, Schlampigkeit

WAS GLÜCKLICH? Orte der Muse

WENN MAN DIR EINEN URLAUB SCHENKEN WÜRDE, WOHIN WÜRDE DIE REISE GEHEN? Nach Vietnam

WAS IST DEIN TRAUM? Nie ohne Träume zu sein

WIE HEISST DU? **BITTEN STETTER**
WAS MACHST DU? Ich bin Teil des Labels »Stetter Koetter«
WANN UND WO BIST DU GEBOREN? Am 15. Juli 1972 in Dortmund
WO LEBST DU HEUTE? In Hamburg
WAS WOLLTEST DU WERDEN, ALS DU NOCH KLEIN WARST? Irgendwas mit Kunst oder Mode machen
WAS HAST DU FÜR DEINEN BERUF GETAN? Ausbildung zur Damenschneiderin, Diplom in Modedesign, freie Designprojekte. Außerdem viel und hart gearbeitet
WAS IST DEIN LIEBLINGSFILM? »Im Rausch der Tiefe«
DEIN LIEBLINGSBUCH? »Der kleine Prinz«
WER IST DEIN LIEBLINGSDESIGNER? Habe ich nicht. Ich finde einige Designs toll, aber mir ist egal, von wem sie sind. Wichtig ist, dass die Kleidung ein Gefühl transportiert
WAS ISST DU AM LIEBSTEN? Spaghetti mit Tomatensauce
WIE KLEIDEST DU DICH? Meiner Stimmung entsprechend, immer anders
WAS MACHST DU IN DEINER FREIZEIT AM LIEBSTEN? Mich treiben lassen
WAS MACHT DICH WÜTEND? Krieg und Unfreundlichkeit
WAS GLÜCKLICH? Meine Freunde, Ruhe, üppige Natur
WENN MAN DIR EINEN URLAUB SCHENKEN WÜRDE, WOHIN WÜRDE DIE REISE GEHEN? Nach Osteuropa, Lettland, Estland oder Kroatien
WAS IST DEIN TRAUM? Mein Traum ist, meine Träume zu verwirklichen

WIE HEISST DU? **BERNHARD WILLHELM** xxxxxxxxxxxxxxxxxxxxxxxx
WAS MACHST DU? Ich designe unter meinem Namen und entwerfe für »Capucci«
WANN UND WO BIST DU GEBOREN? 1972 in Ulm xxxxxxxxxxxxxxxxxxxxxxxxxxxxxx
WO LEBST DU HEUTE? In Paris xxxxxxxxxxxxxxxxxxxxxxxxxxxxxxxxxxxxxxxxxxx
WAS WOLLTEST DU WERDEN, ALS DU NOCH KLEIN WARST? Botaniker xxxxxxxxxxxxxx
WAS HAST DU FÜR DEINEN BERUF GETAN? Studiert xxxxxxxxxxxxxxxxxxxxxxxxxxxx
WAS IST DEIN LIEBLINGSFILM? xxxxxxxxxxxxxxxxxxxxxxxxxxxxxxxxxxxxxxxxxxxx
DEIN LIEBLINGSBUCH? xxxxxxxxxxxxxxxxxxxxxxxxxxxxxxxxxxxxxxxxxxxxxxxxxxx
WER IST DEIN LIEBLINGSDESIGNER? xxxxxxxxxxxxxxxxxxxxxxxxxxxxxxxxxxxxxxxx
WAS ISST DU AM LIEBSTEN? Mein Geschmack wechselt jeden Tag xxxxxxxxxxxxx
WIE KLEIDEST DU DICH? Am liebsten nackt oder in toller Unterwäsche xxxxxxxxx
WAS MACHST DU IN DEINER FREIZEIT AM LIEBSTEN? Frei sein xxxxxxxxxxxxxxxxxxxxx
WAS MACHT DICH WÜTEND? Wieder kein Essen im Kühlschrank xxxxxxxxxxxxxxx
WAS GLÜCKLICH? Doch noch was gefunden xxxxxxxxxxxxxxxxxxxxxxxxxxxxxxxx
WENN MAN DIR EINEN URLAUB SCHENKEN WÜRDE, WOHIN WÜRDE DIE REISE GEHEN? Ostwärts xxxxxxxxx
WAS IST DEIN TRAUM? Im Bett. Zu Hause. Fernsehglotzen xxxxxxxxxxxxxxxxxx

FREITAG

Werfen Sie eine Freitag-Tasche auf die Autobahn und lassen Sie sie liegen. Jede Wette: Anders als vorher sieht sie danach nicht aus! Was ist dran, am »Kultbeutel«? Ein Besuch bei den Brüdern Freitag und der Versuch, dem Kult auf die Spur zu kommen.

Mitgehört in einem Geschäft am Prenzlauer Berg: »Entschuldigung, gibt's die Tasche hier billiger?« »Wieso billiger?« »Weil sie total verdreckt ist.« »Die ist nicht verdreckt. Die soll so sein.« »Aha! Und was kostet die?« »149 Euro! Is'n urbanes Kultobjekt.« Ortswechsel: Zürich, Industriequartier. Auf dem Hof eines alten Fabrikgeländes legen Markus, 34, und Daniel Freitag, 35, eine 15 Meter lange Lastwagenplane aus – der Grundstoff für das »urbane Kultobjekt«. Dieselruß, Altöl, Kratzer, Dreck und der intensive Geruch von Kohlenmonoxyd. Mit geübten Schnitten zerlegen sie die etwa 80 Kilo schwere Plastikdecke in einzelne Bahnen, packen sie nach einem bestimmten Muster zusammen und heben sie auf den Gabelstapler: »Die Jungs werden jetzt versuchen, sie einigermaßen sauber zu bekommen, und dann wird sie irgendwo auf dieser Welt als Tasche weiterleben«, sagt Markus.

Rund 2300 solcher Planen, so viel wie eine 35 Kilometer lange Lkw-Schlange, werden jedes Jahr auf dem Hof zerlegt, um anschließend als heiß begehrtes Accessoire durch die Metropolen der Welt getragen zu werden. Durch London, New York, Paris, Toronto. »Wir sind mal nach Japan gefahren und dort in Läden gegangen, die unsere Taschen verkaufen«, erzählt Daniel. Schließlich sei es interessant zu sehen, wo die in der kleinen Schweiz zusammengesteppten Taschen überall in der Auslage liegen. Und selbstverständlich, man ist ja Unternehmer, habe er die Verkäufer gefragt, wer die Taschen denn kaufe und was die Kunden so meinen. Und weil die Schweiz Japan in Sachen Höflichkeit in nichts nachstehe, hätten sie sich auch mit Namen vorgestellt: »Da wurden einige von denen fast hysterisch«, erinnert sich Daniel und lächelt. »Wir mussten Autogramme geben, für Fotos posieren und trafen Menschen, die alles über uns wussten. Das war unglaublich!«

Zufall, Neid, Glück, der Glaube an das eigene Produkt und ein feines Gespür für Trends – die Geschichte der Freitag-Taschen macht Mut. Denn Taschen gibt es viele. Es gibt sie in groß und in klein, in allen nur denkbaren Farben, Mustern und Materialien. Raffiniert geschnitten, hochwertig verarbeitet – und die meisten sind billig. Billiger jedenfalls als eine Freitag-Tasche. Freitag-Taschen aber sind etwas Besonderes. Die »Ur-Tasche« steht im Zürcher Museum für Gestaltung. Schnitt und Design werden von großen Modehäusern wie »Prada« und »Dolce« kopiert. Im Fach »Mathematik im Alltag« beschäftigen sich Schüler mit der Frage, wie hoch der Selbstkostenpreis eines großen Schultermodells ist (70,86 Franken), und Nähkurse werben mit dem Ziel, »nach eigenen Ideen selber eine Freitag-Tasche zu nähen.« Was aber ist dran an den stark nach PVC riechenden Beuteln? »Wir wundern uns selbst immer wieder«, gibt Daniel Freitag zu. »Als wir unseren Laden in Hamburg aufgemacht haben, ist da zum Beispiel eine Frau reinmarschiert, die uns erzählt hat, sie sei wegen der Taschen extra aus Bayern gekommen.« 800 Kilometer für ein gebrauchtes Stück Plane. Ist das normal?

Zeitsprung: Zürich, im Herbst 1993. Mit dem Fahrrad sind die Grafikstudenten Markus und Daniel Freitag auf dem Weg in die Hochschule. Unterm Arm: Die Zeichenmappe. Viel zu groß, um sie in einer normalen Tasche zu verstauen. Ergebnis: Im Regen wurde sie nass. »Und wenn wir Pech hatten, auch die Zeichnungen.« Also musste eine Tasche her. Nicht unbedingt hübsch musste sie sein, dafür groß, wasserdicht und bequem beim Fahrradfahren. Das Problem: So eine Tasche gab es nicht – zumindest nicht in Zürich: »Aber in einer Zeitschrift haben wir das Foto eines New Yorker Fahrradkuriers gesehen«, erinnert sich Markus. »Der trug eine Tasche, die scheinbar aus Plane war.«

An das, was folgte, erinnert sich Oliver Gemperle, ein ehemaliger Mitbewohner der Freitag-Brüder, so: »Markus spannte einen Anhänger an sein Fahrrad und fuhr in ein nahe gelegenes Industriegebiet. Als er zurückkam, schleppte er eine ausgediente Lkw-Plane in das fünfte Stockwerk herauf und begann sie in der Badewanne zu schrubben. In seinem Zimmer, zwischen Matratze und Stereoanlage, breitete er die gewaschene Plane aus und zeichnete ein Schnittmuster darauf.« Die erste Freitag-Tasche war geschaffen – die Mappe blieb seither trocken.

Freitags Mitstudenten waren begeistert. Gemperle: »Unsere gemütliche Wohnung veränderte sich. Über Wochen war die Badewanne gefüllt mit schwarzem, stinkendem Wasser, in dem die Lkw-Planen schwammen. Im Flur stapelten sich Kisten: alte Fahrradschläuche, Autogurte, die Markus auf Schrottplätzen aus den Autowracks gerettet hatte, und noch mehr intensiv nach Plastik riechende Planen. In der Küche wurde der Tisch durch eine frühindustrielle Nähmaschine ersetzt, deren Elektromotor jedes Straßengeräusch übertönte. Der Schwerverkehr hatte mich umzingelt.«

Plane um Plane wurde verarbeitet, immer mehr Taschen verließen die kleine Wohnung. Und was die Kunden am meisten begeisterte: Jede war anders, jede ein Unikat. »Wenn man so eine gebrauchte Plane zerschneidet, dann ist das eben so«, räumt Markus ein. »Mal ist ein Stück vom Logo drauf, mal die Ratscher von einem früheren Befestigungsgurt.« Aus dem Eigenbedarf wurde ein Geschäft. Immer häufiger klingelte es an der Tür. Zürich ist klein, die Mundpropaganda funktionierte, die Brüder nähten. Erst als die Redakteurin einer Zeitschrift ein Foto in die Rubrik Trends setzen wollte, war es vorbei mit der beschaulichen Stichelei: Eine Geschichte musste her. Eine Tasche zu machen, damit die Mappe trocken bleibt – ziemlich langweilig. »Das war der Punkt, an dem wir den Recyclinggedanken hineingebracht haben. Ein Produkt von der Straße, für die Straße«, sagt Daniel. Außerdem wollte die Redaktion wissen, wo man die Tasche kaufen könne. Wieder ratlose Gesichter. Einen Laden mieten? Zu teuer. Aus der Wohnung heraus verkaufen? Nicht möglich. »Da ist uns dann die Idee mit der Brücke gekommen. Wir haben die Taschen ans Geländer gehängt, den Passanten etwas zu trinken gegeben und die Sache auf uns zukommen lassen.«

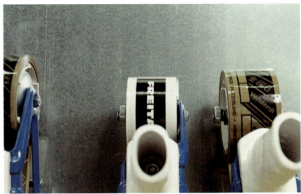

Brücken, Hochhäuser, Parkdecks. Die Leute kamen, unterhielten sich mit den Brüdern, kauften ein paar Taschen – und plötzlich bekam die Sache Eigendynamik. Freitag-Taschen-Träger wurden auf der Straße angesprochen, Ladenbesitzer wollten die Plastikbeutel ins Sortiment aufnehmen. Das Geschäft lief an. Allein konnten die Brüder die Nachfrage aber nicht mehr befriedigen. Also stellten sie ihren ersten Mitarbeiter ein: Salim, einen afghanischen Näher.

Nach und nach begannen die Freitag-Taschen zu einem Markenzeichen zu werden – und scheinbar auch zu einem Symbol für eine heilere Welt. Denn sie waren nicht nur aus recyceltem Material, sie wurden auch noch von zwei Brüdern gemacht – und beide hatten keinen Führerschein. »Wir haben uns selbst darüber gewundert, wie eng manche Leute die Tasche an unsere Personen gehängt haben«, sagt Daniel und erzählt die Geschichte ihrer Gangsterfotos: Mit falschen Schnurrbärten, Sonnenbrillen, Zigarren und dicken Geldbündeln posierten sie für die Satire einer Zeitschrift: »Wir fanden das lustig.« Die Kunden nicht! »Es gab danach wirklich einige Zürcher, die ihre Tasche nicht mehr getragen haben, weil sie meinten, wir hätten die falschen Werte.« Gestört hat's die Brüder nicht: »Wer so engstirnig ist, den wollen wir eh nicht als Kunden!«

Geschadet hat es ihnen auch nicht: 1997 brachte die Supermarktkette »Migros« für 29 Franken eine Freitag-Taschen-Kopie in die Regale. Name: Donnerstag. »Mehr Publicity konnten wir uns nicht wünschen«, sagt Markus. »Die Zeitungen haben sich über ›Migros‹ lustig gemacht, die haben ihre Regale geräumt, und wir sind berühmt geworden.« Einmal kam sogar der Musiksender MTV vorbei: »Die haben wir in einen dunklen Keller geführt, in dem nur eine uralte Nähmaschine und ein Tisch standen. Und dann haben wir ihnen gesagt, dass wir da arbeiten würden.« Dass die wirklichen, modernen Arbeits- und Lagerräume im anderen Teil des Gebäudes liegen und sie mittlerweile 20 Mitarbeiter hatten, das haben sie nicht gesagt: »Der Redakteur und die Kameramänner haben zuerst zwar ein bisschen komisch geguckt, sich dann aber wohl gedacht, dass wir Schweizer sparsam und vielleicht ein bisschen seltsam sind. Aufgeklärt haben wir sie nie.« Man dürfe das alles schließlich nicht zu ernst nehmen.

Wie aber sieht ein Freitag-Taschen-Träger aus? Stummer Blick von Bruder zu Bruder, dann Schulterzucken. »Wissen wir eigentlich gar nicht«, gibt Daniel zu. »Haben wir aber selbst mal versucht, herauszufinden«, kommt ihm Markus zur Hilfe. »Wir haben auf unserer Website einen Aufruf gestartet, in dem wir die Kunden baten, uns zwei Fotos zu schicken: Eines von sich vor ihrem geöffneten Kühlschrank und eines von ihrer irgendwo in der Ecke liegenden Tasche.« Eine Marktforschung à la Freitag mit überraschendem Ergebnis: »Wir haben hunderte Fotos von überall aus der Welt bekommen.« Nur schlauer sind sie nicht geworden: »Scheinbar wird die Tasche von jungen und alten Leuten getragen. Von besonders modisch Interessierten genauso

wie von Umweltschützern und Leuten, die einfach eine bunte, stabile Tasche suchen.«
Bleibt der Versuch einer Erklärung: »Wir machen Taschen, stehen voll hinter unserem Produkt und nehmen uns dabei selbst nicht zu ernst. Ich denke, das spüren die Leute.«
Marketingexperten würden es anders ausdrücken. Für sie zeigt die Marke Freitag vor allem Individualität, Kontinuität und Identität. Aber Marketingexperten werden bei Freitag nicht gefragt. »Wir haben aus dem Verkauf der ersten Tasche die Produktion der nächsten zwei finanziert. Wir haben uns nie Geld geliehen. Die Firma gehört uns, und wir sind mit ihr gewachsen. Hätten wir Teilhaber, würden wir wahrscheinlich jede Menge guter Ratschläge kriegen und neben Taschen noch andere Sachen machen, um das Risiko zu verteilen. Vielleicht wären wir dann schon größer und erfolgreicher – vielleicht wären wir aber auch schon nicht mehr da.«
Der schnelle Erfolg reizt die Brüder nicht: »Wir wollen hier ja nicht nur Geld verdienen, sondern auch Spaß haben.« Und Spaß haben sie vor allem dann, wenn sie Job und Lebensstil miteinander verknüpfen können. Ihren ersten eigenen Laden haben sie zum Beispiel in Davos eröffnet, dem Ort, an dem ihr Großvater Skilehrer war und wohin sie regelmäßig zum Snowboarden fahren. Zwei Drittel des Geschäfts nimmt ein Café ein, in dem es Getränke zum Selbstkostenpreis gibt. Taschen werden nur im hinteren Teil verkauft: »Und wir freuen uns auch, wenn dort andere Skifahrer hinkommen, die keine Lust auf den sonst üblichen Après-Ski-Zirkus haben. Außerdem wird dort ja nicht nur über die Theke verkauft. Ungefähr zehn Prozent der Taschen gehen via Internet weg: »Hinten ist eine Webcam angebracht«, erklärt Daniel. Per Telefon kann man so die Verkäufer bitten, die einzelnen Taschen vor die Linse zu halten. Was die Zukunft bringt? »Wir haben ein paar Ideen für neue Produkte und hoffen natürlich, dass die Leute unsere Taschen noch lange mögen.« Und wenn nicht? Markus lächelt: »Dann machen wir eben was anderes. Wenn ich Formulare ausfüllen muss, schreibe ich als Berufsbezeichnung sowieso immer, was ich mal gelernt habe, Dekorationsgrafiker.«
TEXT: PHILIP ALSEN

AMD EDITION   MACHER & MÄRKTE :: FREITAG   **29** | 184

Wenn Britney Spears auf der Bühne ein zerfetztes T-Shirt trägt, dann ist das garantiert ein Verkaufsschlager. Vorausgesetzt, man kriegt es schnell genug in die Läden. Tom Tailor schafft das und floriert, während einige in der Branche rote Zahlen schreiben.

Der Chef sitzt am Glastisch, bläst Rauchwolken in die Luft und ist gut gelaunt. Auf dem Tisch liegt der aufgeschlagene Wirtschaftsteil einer Tageszeitung, Schlagzeile: »Modemarkt dümpelt dahin!« Von schwachen Absatzzahlen ist da die Rede. Von fehlender Kauflust und der allgemein trüben Stimmung im Textileinzelhandel. »Das trifft uns nur bedingt!«, sagt Rosenblat, lächelt, lehnt sich entspannt zurück und schlägt die Beine übereinander. »Die Branche dümpelt, wie auch das Konsumklima. Aber wir zählen zu den Gewinnern.« Umsatz 2002: 348 Millionen Euro. Umsatz 2003: 385 Millionen Euro. Ein Plus von über zehn Prozent!

Das Lizenzgeschäft brummt, die Händler sind zufrieden. Und während die Konkurrenz entlässt, stellt Tom Tailor ein: allein 140 neue Leute im letzten Jahr. Im Februar 2003 eröffnete Rosenblat in Düsseldorf den ersten Tom-Tailor-Flagshipstore, weihte das neue Fashion-Center in Hamburg ein und eröffnete vier weitere neue Läden in Deutschland. Auch im Ausland geht die Expansion mit großen Schritten voran: Neben den weltweit 77 Geschäften hat Tom Tailor 2003 in China drei weitere Stores eröffnet. Im Jahr 2004 sollen dort 20 weitere dazukommen. Von Konjunkturflaute keine Spur.

»Wir sind gut, weil wir ein gutes Gefühl für den Geschmack unserer Zielgruppe haben, nicht zu teuer, schnell und flexibel sind«, sagt Rosenblat. Ein Beispiel: Das Unternehmen hat den Produktionskreislauf für die DOB-Kollektionen von mehr als 200 Tagen auf 70 Tage reduziert. Pro Jahr gibt es zwölf Damenkollektionen mit je circa 120 Teilen, die wöchentlich an Händler ausgeliefert werden. Außerdem eine so genannte Flashkollektion: »Wenn Britney Spears bei MTV ein Fetzenkleid trägt, dann wollen die Kids das haben«, weiß Rosenblat. »Wir sind eine Fastfood-Generation. Wer die Sachen zuerst liefert, macht das Geschäft.« Vom Zeichentisch des Designers bis auf den Kleiderbügel des Händlers braucht die Flashkollektion nur drei Wochen. Produziert wird weltweit.

Die Strategie von Tom Tailor ist erfolgreich. Heute wird die Marke in mehr als 80 Ländern verkauft, produziert fünf eigene Labels und 13 Lizenzlinien.

Die Informationen, was gerade »in« ist und was später in den Läden hängen soll, kommen von überall auf der Welt lebenden Trendscouts, und nicht selten auch vom Vorstand persönlich: »Ich reise viel, unterhalte mich mit anderen Menschen und bekomme dadurch natürlich auch viel mit.«

Dieses »offen sein« für Eindrücke und Einflüsse von außen erwartet er auch von seinen Mitarbeitern; Zeugnisse und Lebensläufe sind zweitrangig. In erster Linie entscheiden Rosenblats Bauchgefühl und Menschenkenntnis. »Ich möchte mit Leuten zusammenarbeiten, die mitdenken und über den Tellerrand hinausschauen.« Wer Dienst nach Vorschrift macht, kann in der Firma zwar alt werden, Karriere aber macht er nicht. Das Credo des Chefs: »Qualität kommt von Qual!«

Gruppendynamik und Zusammengehörigkeitsgefühl sind Tom Tailor wichtig. Jeder soll sich als Teil

des Ganzen fühlen. »Wenn die Leute nach der Arbeit zusammen was trinken gehen, ist das ein gutes Zeichen.« Natürlich kommt das Gefühl, zu einer Gemeinschaft zu gehören, nicht von allein: »HH-TT« auf jedem Firmenwagen, Tom-Tailor-Logo auf den Zuckertütchen und Bierdeckeln, ein Tom-Tailor-blauer Teppich in den Fluren, Tom-Tailor-helles Holz bei der Einrichtung. Fehlt nur noch der Dresscode. Den aber gibt es nicht: »Hier arbeiten Leute, die Mode leben und kreativ umsetzen. Sie tragen einen Mix aus Tom Tailor und allen möglichen Labels. Das inspiriert uns jeden Tag neu«, meint Rosenblat. Auch er trüge das eigene Label gerne, und seine Kinder würden hauptsächlich aus den eigenen Hamburger Stores eingekleidet.

Marketing ist Michael Rosenblats Job. Als Profi sponserte er bereits fünfmal die »German Open« in Berlin, denn Sport ist gut fürs Image. Und selbstverständlich war Tom Tailor auch beim wahrscheinlich aufsehenerregendsten Marketingprojekt der vergangenen Jahre dabei, dem Entwurf der neuen Hamburger Polizeiuniform. Der Hintergrund: Die 6000 Polizisten der Hansestadt sollen neue Uniformen bekommen – doch wie bezahlen? Rund 500 Euro kostet jede, und die Staatskasse ist leer. Die Lösung: Sponsoring, Firmen spenden Geld. Zwar dürfen, darauf legt die Innenbehörde Wert, die einzelnen Sponsoren kein Logo auf der Uniform platzieren, das aber gilt nur für den endgültigen Großauftrag. Und bis der vergeben ist, kann es dauern. In der Zwischenzeit zeigt sich Tom Tailor großzügig und fertigt die von Luigi Colani entworfenen Prototypen, natürlich kostenlos, aber nicht umsonst. Denn was prangte bei der Präsentation auf der linken Brusttasche? Das Tom-Tailor-Logo – und jede Zeitung in Deutschland druckte es ab. Ein Medienwert, der die Produktionskosten bei weitem überstieg.

Doch Tom Tailor engagiert sich auch bei kulturellen Projekten, zum Beispiel für das »Untitled Breakfast« in der Hamburger Kunsthalle. Und als in Deutschland die Elbdämme brachen – warum erfuhr da niemand außerhalb der Firma, dass Tom Tailor Kleidung im Wert von knapp einer Million Euro für die Flutopfer spendete? »Weil«, erklärt Rosenblat, »jedes Unternehmen auch eine Verantwortung gegenüber der Gesellschaft hat. Schließlich verdient man durch diese Gesellschaft ja auch sein Geld.«

TEXT: PHILIP ALSEN

INFOS UNTER: WWW.TOMTAILOR.DE

Wenn ein Maßschneider niemanden mehr findet, der seine Kunden vermisst, geht in der Werkstatt schnell das Licht aus – das gilt auch für Branchenführer. Kann »Kollege Computer« helfen?

Vor seinem Schneider ist der Kunde nackt. Bauch, Schulter, Brust, der Hals, die Innenschenkel – überall wird Maß angelegt, nichts bleibt verborgen. Dass eine Schulter tiefer sitzt als die andere; der stattlich, durchtrainiert wirkende Kunde in Wirklichkeit einen leichten Bauchansatz hat – der Schneider sieht's. Und wenn er gut ist, erfährt es außer ihm niemand. »Ein makellos sitzender Anzug hat Macht«, behauptet Brioni-Chef Umberto Angeloni. »Er unterstützt eine gute Haltung und kaschiert kleine Mängel.« Bundeskanzler Gerhard Schröder zum Beispiel habe eine fast perfekte 53er-Figur. Allerdings: »Seine geraden Schultern lassen ihn etwas gedrungen wirken.« Und auch die Brust des nur 1,76 Meter kleinen Bundeskanzlers sei ein wenig zu breit für seine Größe. Dass Schröder trotzdem groß und elegant wirke – Angeloni ist das klar: »Das verdankt er unserem Schneider.«

Szenenwechsel: Im zweiten Stock der Firma Windsor lässt ein Mann die Hosen fallen, zieht sein Hemd aus und steigt auf ein Podest. Ein blauer Vorhang wird zugezogen, ein kurzes Summen ertönt, zehn Sekunden später steigt der Mann wieder vom Podest herunter und zieht sich an. »So, das war's«, sagt Markus Schotte, 34, und schaut auf den vor ihm stehenden Monitor. Darauf: das dreidimensionale Gitternetzbild des eben gescannten Mannes. »Wir führen jetzt noch eine Haltungskorrektur durch, und wenn sich der Kunde Stoff und Schnitt ausgesucht hat, geht sein Anzug in die Produktion«, sagt Schotte.

Ein Maßanzug aus dem Computer? »Fast«, berichtigt Schotte. »Durch die genaue Vermessung des Körpers ist der Anzug zwar im wörtlichen Sinn auf den Leib geschneidert, anschließend aber herkömmlich in einzelnen Arbeitsschritten von spezialisierten Näherinnen gefertigt.« Vom Tragekomfort jedoch stehe der neue Anzug einem in einer kleinen Werkstatt komplett von Hand geschneiderten in nichts nach.

Die bei Windsor in Zusammenarbeit mit der Kaiserslauterer Firma »Human Solutions« entwickelte Software ist derzeit einzigartig auf dem Markt. Das Besondere: Die so genannten »Schlupfgrößen«, die Probejackets, an denen bisher die Änderungen für die Maßkonfektion abgesteckt wurden, fallen weg. Ein Schritt in Richtung »customized solutions«: »Jeder Körper ist unterschiedlich«, erklärt der Leiter der Produktion, Helmut Binder. Und für einen perfekt sitzenden Anzug muss jeder Körper einzeln vermessen werden. Eine minimal abfallende Schulter, ein nur Millimeter längerer Arm, ein kaum auffallender Rundrücken – dem Schneider kann das entgehen, dem Scanner nicht.

»Das Verhältnis eines Schneiders zu seinem Kunden ist tatsächlich sehr intim«, bestätigt der Modellmacher Dietmar Kölsch. Schließlich sei ein guter Schneider nicht nur ein exakter Handwerker, sondern auch ein Berater, ein Verkäufer und nicht selten auch ein Psychologe. Kurz: ein Allroundtalent in Sachen Herrenmode. »Und solche Leute finden wir heute nicht mehr«, sagt Kölsch.

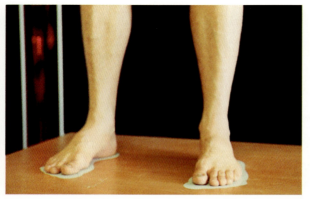

Das Unternehmen aber braucht genau solche Talente, wenn es die Maßkonfektion weiter ausbauen will. »Das Problem ist sehr einfach«, versucht Kölsch es auf den Punkt zu bringen: »Ein Anzug aus der Maßkonfektion sitzt besser, sieht besser aus und kann sehr individuell gestaltet werden. Er kostet aber auch ein bisschen mehr, und sein Verkauf verlangt mehr Beratung als der Verkauf eines Anzuges von der Stange.« Und da fängt das Dilemma an: Gute Verkäufer zu finden ist schon schwer. Fast unmöglich aber ist es, gute Verkäufer zu finden, die auch was vom Schneiderhandwerk verstehen. »Und wenn ein Kunde falsch vermessen oder die ihm passende Modellgröße falsch abgesteckt wird, sitzt der Anzug schlecht, und der Kunde kommt nie wieder.« Herrenschneiderei sei ein langsam aussterbendes Handwerk, glaubt er: »Das Einkommen ist schlecht und die Arbeit hart.« Und außerdem: Der klassische Anzug hat es im Augenblick nicht leicht. Die Männermode ist legerer und vielseitiger geworden. Ein Jackett zur Jeans – »casual« ist angesagt. Mann ist heute auch ohne Anzug gesellschaftsfähig.

Sogar im Büro. Einen Dresscode gibt es nur noch selten, und Männer, in deren Firma der Anzug noch obligatorisch ist, sind nicht immer die modischsten. Nur 150 Euro gibt ein Deutscher durchschnittlich für einen Anzug aus. Zwei Stück hat er im Schrank, betrachtet sie als zeitlos und trägt sie über Jahre. »Für uns als Hersteller ist das eine große Herausforderung«, räumt Windsor-Werbeleiter Jürgen Messmer ein. Windsor hat sich zum Komplettanbieter entwickelt. Produktgruppen wie Sportswear und Strick spielen eine viel größere Rolle als in der Vergangenheit. Und auch in der Konfektion gibt es neue Entwicklungen. Ein Sakko aus vorgewaschener Baumwolle – lässiger Knitterlook fürs Büro. Früher undenkbar, heute ganz normal.

Die Firma mit ihren knapp 400 Mitarbeitern lebt nicht allein von der Maßkonfektion. Insgesamt werden in Bielefeld sieben Produktlinien gefertigt: »Windsor HAKA und DOB« – eine stilvolle und zeitlose Linie, »Joop! Menswear« und »Joop! Jeans« in Lizenz sowie die »clothcraft«-Kollektion für Männer und Frauen, die durch ihr innovatives und unkonventionelles Design vor allem eine junge Zielgruppe ansprechen soll.

Jede dieser drei Marken steht für den Windsortypischen Dreiklang aus Individualität, Persönlichkeit und modischer Klasse. Werte, die durchaus gerechtfertigt sind bei einem Traditions-Unternehmen, das auf mehr als 100 Jahre Modeerfahrung zurückblicken kann. Die Ursprünge reichen bis ins Jahr 1889, als die Kaufleute Leo Roos und Isidor Kahn die Herrenkleiderfabrik »Roos & Kahn« für Geschäfts- und Sportbekleidung gründeten. 1960, fast 100 Jahre später, spezialisiert sich Windsor – erstmals unter heutigem Namen – auf die Herstellung von Anzügen und Mänteln. Dabei definiert das Unternehmen den Anfang einer neuen Modephilosophie: leichte Stoffe, eine moderne Linie und weiche Verarbeitung prägen von nun an die Kollektion.

Was heute ganz selbstverständlich erscheint, war damals eine Revolution. Denn Windsor war in Deutschland einer der ersten Hersteller, die mit italienischen Webern kooperierten. Während die einheimische Konkurrenz noch auf robuste, englische Stoffe und klassische Stilbegriffe setzte, verarbeitete Windsor längst feinste italienische Tuche von Cerruti, Zegna oder Barbera.

Zurück in der Produktion: Aus 58 Teilen besteht allein der Oberstoff eines Sakkos. »Mit Innenfutter, Knöpfen, Polstern und allem, was so dazugehört, kommen wir pro Sakko auf knapp 300 Einzelteile«, erklärt Produktionsleiter Helmut Binder, während er gegen den Lärm des computergesteuerten Schneidetisches anredet. Verschnitt des dafür bereitgelegten Stoffes: nur ein paar Quadratzentimeter. »Mehr wäre wirtschaftlich ein Desaster. Wir kaufen unsere Stoffe schließlich nur in Italien und legen sehr viel Wert auf die Qualität.«

Die Symbiose aus Qualität und Innovation ist auch das Leitmotiv von Markus Schotte. Auf ihm und seinem 3D-Scanner ruhen viele Hoffnungen: »Je nach Stoff und Sonderwünschen kostet ein Maßanzug ca. 200 Euro mehr als einer von der Stange.« Geld, das nicht unbedingt jeder ausgeben wolle. Schließlich seien normale Windsor-Anzüge auch sehr hochwertig. Allerdings: Lange werde es nicht mehr dauern, bis so ein 3D-zugeschnittener Anzug jedem anderen Anzug den Rang ablaufe. Stichwort: virtueller Catwalk. Das ist dann der Moment, wo der Kunde erst in den Scanner und dann vor den Computer gebeten wird: »Dort legen wir anschließend die verschiedenen Schnittmöglichkeiten, Sonderausstattungen und Stoffmuster direkt auf das Bild seines gescannten Körpers, und er sieht, wie ihm der fertige Anzug später stehen wird.« Und wenn er will, wird er sein im Computer animiertes Miniaturabbild durch ein nur im PC existierendes Büro laufen lassen können; kann sich dort setzen, bücken, Akten aus dem Regal holen: »Und das Programm berechnet dann, wo die Hose oder das Sakko störende Falten wirft, die der richtige Anzug später dann nicht mehr hat.« Alles nur eine Frage der Software. Und wenn das keine 200 Euro wert ist ...

TEXT: PHILIP ALSEN

INFOS UNTER: WWW.WINDSOR.DE

ADIDAS

Funktion und Design. Kommerz und Innovation. Avantgarde und Masse. Familienunternehmen und Weltmarke. Das Label Adidas vereint scheinbare Gegensätze, fließt erfolgreich mit und gegen den Strom.

Profisportler, Couch-Potatoe oder moderner Stadtnomade mit Labelanspruch – Adidas, die internationale Marke mit Sitz auf dem Land, befriedigt die Wünsche unterschiedlichster Konsumenten, ohne an Authentizität zu verlieren.

Im Schwimmbad, auf dem Fußballfeld, dem Golfplatz und in angesagten Clubs von Berlin bis Tokio dekorieren sich Trendsetter mit den drei Streifen oder dem Dreiblatt. Adidas ist überall. Dabei kommt das Erfolgslabel aus einem kleinen Dorf in der Nähe von Nürnberg: Herzogenaurach, von den Mitarbeitern auch liebevoll »Herzo« genannt. Inmitten grüner Wiesen und Wälder befindet sich das Headquarter der Weltmarke in den renovierten Gebäuden einer ehemaligen amerikanischen Militärbasis aus den fünfziger Jahren. 1500 Leute unterschiedlichster Nationalitäten arbeiten hier. Das Durchschnittsalter liegt bei 33 Jahren.

Das Headquarter, auch »World of Sports« genannt, besteht aus mehreren Gebäuden, in denen sich Showrooms, Kantine und die Abteilungen Marketing, Design und Technologie für den Schuh- und Textilbereich befinden. In der Mitte der ehemaligen Militärbasis ist ein großer Sportplatz, auf dem die Mitarbeiter in den Pausen oder nach der Arbeit Basketball spielen oder Joggen gehen.

Die lichtdurchflutete Kantine ist komplett aus Glas. Hier essen die Mitarbeiter hierarchieunabhängig und es wird laut diskutiert – meist auf Englisch. Die Wände der Designabteilung sind behängt mit »Moodboards« – Ausschnitten aus Comics, Fotos, Collagen, Produktbildern und Mitbringseln vom letzten Urlaub. Wer bei Adidas arbeitet, muss den Spirit der Marke leben.

Margaret Sap, 32 Jahre alt und PR-Managerin für den Bereich Lifestyle von Adidas, lächelt, als wir ihr die Frage stellen, worauf es bei einer Bewerbung bei Adidas ankommt. »Fremdsprachen und die Identifizierung mit der Marke sind sehr wichtig. Die Personalabteilung bekommt jeden Tag an die 100 Bewerbungen aus aller Welt, so dass es nahezu unmöglich ist, hier einen Arbeitsplatz zu finden.«

Im Büro des Global-Creative-Directors Michael Michalsky, 36, hängt wenig an den Wänden. Im Hintergrund läuft ruhige Jazzmusik und auf der Fensterbank stehen Schneekugel, Minikicker und Michaels Traumauto in Modellform, ein Mercedes 280 SL. Gegenüber gibt es eine kleine Anlage und einen Fernseher. Die Fernbedienungen liegen immer in Reichweite, denn Michalsky schaut mehrere Stunden am Tag MTV. »Musik und Design gehören einfach zusammen«, erklärt er. Das Besondere an Michalsky, der in London Designmanagement studiert hat: Er kennt sich im Management- und Designbereich bestens aus und hat außerdem noch ein unverwechselbares Gespür für Trends.

Drei Streifen. Drei Linien. Drei Consumertypen. Das ist nur ein Geheimnis des Erfolgsmarketings von Adidas. Mit der Segmentierung der Marke in drei Dimensionen, welche Ende 2000 eingeführt wurde, kann Adidas schneller auf die Bedürfnisse der Konsumenten eingehen. »Sport Performance« um-

fasst alle Produkte für die aktive Verwendung im Sport. In der »Sport Heritage Division« werden klassische Produkte für den Lifestylemarkt wieder neu aufgelegt, und »Sport Style« ist eine Premiummarke für den anspruchsvollen Kunden.

Die Kernkompetenz von Adidas liegt in der Zusammenarbeit des Innovationsteams mit dem Designteam, das die Ansprüche der internationalen Märkte untersucht und verwirklicht. So schafft es Adidas immer zur richtigen Zeit, die passende Kommunikation einzusetzen. Im Headquarter sitzen Marketing-, Design- und Innovationsteam nah beisammen und können so jede Neuheit entsprechend schnell nach außen tragen. Einmal im Jahr gibt es ein großes Meeting, auf dem sich die Teamspitzen aus Asien, Europa und Nordamerika treffen. Die globale Struktur ist einer der Gründe, warum es Adidas geschafft hat, Nummer eins der Sportmarken in Europa zu werden und Nummer zwei in den USA. Trotz einer Wirtschaftsflaute, in der die meisten Firmen rote Zahlen schreiben, kann die Adidas-Salomon AG Gewinne verzeichnen.

Sich von den Zwängen befreien und trotzdem up to date sein. Lässiger Chick mit Labelanspruch. In einer Zeit, in der ein sportlich durchtrainierter Körper als ideal gilt, soll auch die Mode genau diesem Ideal gerecht werden. Fast jede Modemarke hat schon versucht, dieses Lebensgefühl durch eine eigene Sportkollektion auszudrücken, allerdings fast ausschließlich unter Designaspekten. Adidas symbolisiert nicht nur die Ästhetik der Sportlichkeit, sondern auch den authentischen Ursprung, das Original. Diese Qualität schafft Vertrauen bei den Konsumenten. Durch die Geschichte von Adidas erhält die Marke nicht nur Authentizität, sondern auch einen Kultstatus, der von der Retro-Phase in der Mode nochmals gepusht wurde. Adi Dasslers Grundgedanke, den besten Sportschuh zu entwickeln, gepaart mit aktuellen Designansprüchen, ist das Geheimnis des ewigen Trends.

Angefangen hat alles mit einem Drei-Riemen-Fußballschuh, den der Adidas-Gründer Adi Dassler 1949 patentieren ließ. Die drei Riemen dienten allerdings nicht der Ästhetik oder der Wiedererkennung, sondern waren rein funktionell – als Stütze im Mittelfußbereich. Der Ursprung des Labels liegt also in der Funktion. 1967 stellte Adi Dassler seine ersten Sporttextilien vor. Mit dem Trend der Sportlichkeit und der Einführung von Streetball, welche hauptsächlich die jüngere Generation ansprach, ist Adidas 1992 endgültig in den Streetfashion-Bereich aufgenommen worden.

Doch Adidas will noch weitergehen und den Sprung in die Modewelt wagen. Mit der Kollektion »Y3 – Adidas by Yohji Yamamoto« ist Adidas in die Welt des High-Fashion-Designs eingetaucht. Margaret Sab erklärt, dass die neue Luxuslinie zukünftig fünf Prozent des Umsatzes ausmachen soll.

In der Mitte des Y3-Showrooms stehen Ledersessel und ein niedriger Tisch, bedeckt mit internationalen Designmagazinen. In der Y3-Kollektion sollen

scheinbare Gegensätze vereint werden: asiatische Schnittkunst, umgesetzt in sportlicher Funktionsmode. Diese Allianz aus Sportlichkeit und Eleganz trifft genau den Nerv der Zeit: edel, aber trotzdem lässig. Luxusmode mit sportlichem Charakter für die Avantgarde der Gesellschaft. Der Weg von Adi Dasslers erstem Sportschuh bis hin zur trendigen Laufstegmode von Y3 war lang und nicht immer leicht zu gehen. Doch nun scheint die Zeit reif für die Fusion aus Funktion und Design, Sport und Mode. Denn niemand möchte sich mehr mit dem Sprichwort »Wer schön sein will, muss leiden« identifizieren. Mode soll Spaß machen und nicht hinderlich sein. Modethemen à la »New Safari – Abenteuerflair in der Großstadt« verdeutlichen den Trend, gemütliche Kleidung nicht nur auf Reisen zu tragen.

Wir leben in einer Zeit, in der Grenzen verschwimmen, Hobbykleidung salonfähig geworden ist und Fernweh zum Alltag gehört. Der Dialog zwischen Mode und Freizeitkleidung wandelt alltägliche Dinge in eine Entdeckungsreise. So treten wir die Reise an und sind gespannt, wohin sie uns führen wird.

TEXT: ANNE BROCKHAUS UND PETRA-ANNA HERHOFFER

INFOS UNTER: WWW.ADIDAS.DE

Sie steht für Rock'n' Roll, Rebellion und Optimismus, ist 131 Jahre alt und wurde mehr als 3,5 Milliarden Mal verkauft. Sie hat Brad Pitt und Tatjana Patitz in den Olymp der Superstars befördert und mit den Songs »Should I stay or should I go« von »The Clash« oder »The Joker« von der »Steve Miller Band« Musikgeschichte geschrieben. Sie geht gerne mit wohlgeformten Körpern in die Badewanne und sieht am besten aus, wenn sie schon ein bisschen abgewetzt ist.

Wir kennen sie. Hatten sie noch bis vor ein paar Jahren stapelweise im Schrank liegen, in allen Farben, mal bemalt, mal mit Löchern drin oder Flicken drauf. Wenn wir sie voller Stolz mit nach Hause brachten, schüttelten unsere Eltern im besten Fall nur den Kopf. Im schlimmsten Fall bekamen sie Schreikrämpfe, kürzten das Taschengeld und steckten unser geliebtes Stück fortan nicht mehr in die Waschmaschine. Aber ehrlich gesagt wollten wir es nicht anders: Wir wollten laut sein, Spaß haben und gegen unsere spießige Familienidylle protestieren. Um wen es hier geht, müsste mittlerweile selbst dem frömmsten aller Klosterschüler klar sein. Richtig! Es handelt sich um die legendäre 501 von Levi's. Und das Unternehmen, welches sie vor über 100 Jahren erfunden hat, kann eines ganz besonders gut: Gefühle kommunizieren und die Massen bewegen. »Emotionen sind das, was die Menschen bewegt«, sagt Cathrin Robertson, Marketing-Managerin der Levi Strauss Deutschland-Gruppe. Und Recht hat sie, denn was ist schon dran an dieser gerade geschnittenen, blauen Nietenhose?
Sie war immer eine ehrliche Jeans ohne irgendwelchen Schnickschnack. Und das ist sie bis heute geblieben. Aber es geht auch weniger um die Jeans an sich; es geht um ein Lebensgefühl. Die Levi's 501, das roch nach Freiheit, klang nach Elvis Presley und schmeckte nach Sommer, salziger Haut und durchtanzten Nächten. Die Betonung liegt in der Vergangenheit. Denn irgendwann, Ende der Neunziger hatten wir genug davon, hatten uns ausgetobt in unseren durchlöcherten und ausgeleierten 501. Und plötzlich passierte, was wir nie zuvor für möglich gehalten hätten: Unsere Eltern kamen vom Einkaufsbummel nach Hause, und Papa präsentierte seine neueste Ersteigerung: eine hübsch gefaltete, nagelneue, dunkelblaue Levi's-Jeans. Pfui! Und aus der Traum von Rebellion und Rockstar sein. Papa hatte das Gefühl, sich seine ewige Jugend erkauft zu haben. Uns wurde sie damit genommen. Die Folge: Wir verbannten die bis dahin heiß geliebten 501-Jeans aus unseren Kleiderschränken, suchten nach Neuem und fanden es bei der Konkurrenz: Ob Baggy oder Strech – Hauptsache, sie waren anders. Und das war das Wichtigste. Die Firma Levi Strauss verlor in dieser Zeit mehr und mehr an Bedeutung, die Umsätze gingen zurück, und Innovationen blieben aus. »Durch den Erfolg der 501 haben wir den Wandel verschlafen«, erklärt Cathrin Robertson, die genau zu diesem Zeitpunkt, vor gut dreieinhalb Jahren, als Marketing-Leiterin bei Levi Strauss angefangen hat. »Damals, in den Hochzeiten der 501, haben wir Umsätze gemacht, von denen wir momentan nur träumen können«, sagt sie. Aber wie kann man eine Marke, die einmal jeder haben wollte, wieder attraktiv machen? Robertsons Antwort ist kurz und simpel: »Erfinde Dich immer wieder neu, aber leugne dabei nicht deine Wurzeln und Werte.« Im Levi's-Jargon heißt das: »Heritage meets Modernity« – Erbe trifft Moderne. Mit so einer schlichten Formel den Umschwung einleiten? »Natürlich ist es nicht ganz

MACHER & MÄRKTE :: LEVI'S   AMD EDITION

so einfach, aber nachdem wir erkannt hatten, dass es nicht mehr so richtig läuft mit den Umsätzen und dem Image, haben wir reagiert und uns vollkommen neue Produktkonzepte ausgedacht.« Laut Robertson das Wichtigste dabei: die Aufteilung in drei große Zielgruppen in Form einer Pyramide, deren Produktkonzepte von unten nach oben hin immer spitzer werden. Ganz oben steht die kleine Gruppe der Meinungsführer. Für sie wurden zwei Produktlinien entwickelt, die man deutschlandweit in nur 60 Designergeschäften (z.B. Tate in Hamburg) kaufen kann. Bei »Levi's Vintage Clothing« werden original Levi's-Jeans der letzten 100 Jahre reproduziert, und bei »Levi's RED« wird in Sachen Passformen, Materialien und Waschungen wild experimentiert. Alles sehr aufwändig, qualitativ sehr hochwertig und daher teuer – eine Jeans kostet ab 220 Euro aufwärts. Unter den Meinungsführern steht die Gruppe der Trendsetter. Für die hatte man sich das Konzept mit den gedrehten Seitennähten, die »Levi's Engineered Jeans«, ausgedacht. Pate für dieses Modell stand der Fahrradkurier, »weil er bei seinem Job Freiheit, Funktion und Design miteinander vereint«, erklärt Robertson.

Die größte und unterste Gruppe der Pyramide besetzen weder Fashion Victims noch Fahrradkuriere, sondern Menschen wie du und ich. Für sie gibt es die »Levi's Red Tab Linie«, und man mag es kaum glauben: Die Jeans-Legende 501 feiert ihr Comeback mit einer Neuauflage, die dieses Frühjahr auf den Markt kommt. Zum ersten Mal seit sechs Jahren gibt es dann wieder Werbespots und eine breit angelegte Printkampagne. Die Kernzielgruppe für die Kommunikation der 501-Jeans sind 15- bis 24-Jährige. »Sehr jung«, gibt Robertson zu. Sie hofft allerdings, dass sich durch das Revival auch die 501-Fans von damals angesprochen fühlen. Ihr Schnitt hat sich zwar leicht verändert, sie ist weiter und lässiger geworden. Aber nicht ihr Spirit: Sie ist und bleibt die Ur-Jeans, das Original.

Zum Aufgabenbereich von Cathrin Robertson zählen neben der Kreation von ebensolchen Produktkonzepten, die sie gemeinsam mit dem Londoner Designteam entwickelt, vor allem Below-the-Line-Aktivitäten. Das heißt: Direkt ran an den Kunden, Schauspieler und Musiker ausstatten, Events organisieren und Promotions vorbereiten. Dafür muss sie immer wissen, was und wer gerade angesagt ist. Sie ist immer auf der Suche nach neuen Trends, schaut viel MTV und blättert stapelweise Zeitschriften durch. Das Wichtigste sei aber der Kontakt zur Zielgruppe, und den holt sie sich auch über ihre Praktikanten. »Die sind Gold wert«, schwärmt sie, »die leben den Zeitgeist und wissen immer ganz genau, was gerade los ist.« Cathrin Robertson selbst ist schon fast ein alter Hase, zumindest was ihre Berufserfahrung angeht: Nach ihrer Ausbildung zur Werbekauffrau hat sie BWL studiert und dann als Beraterin und Etat-Direktorin bei den Werbeagenturen BBDO und TBWA gearbeitet. »Irgendwann wollte ich mal was anderes machen,

weil ich es immer spannend finde, mich mit neuen Dingen auseinander zu setzen«, erzählt sie.
Seit dreieinhalb Jahren pendelt die 37-Jährige nun zwischen ihrem Arbeitsplatz in Frankfurt-Heusenstamm und ihrer Heimat in Hamburg-Eppendorf. »In Hamburg ist mein Leben, da gehe ich aus und treffe Freunde. In Frankfurt arbeite ich. Und außerdem bin ich so viel unterwegs, dass es meist gar nicht drauf ankommt, in welcher Stadt ich übernachte.« Anstrengend findet sie das nicht, eher belebend. »Die besten Ideen habe ich sowieso im Zug«, sagt sie. Wie gut! Denn da ist sie oft. Und gute Ideen braucht es, damit Levi's wieder das wird, was es einmal war: der Inbegriff von Originalität und Rock 'n' Roll.

TEXT: KERSTIN MOESER

INFOS UNTER: WWW.LEVISTRAUSS.COM

AMD EDITION MACHER & MÄRKTE :: LEVI'S **53** | 184

Die Korsage war knatschpink, eng und sexy: Schräg über die Brust zog sich eine Seidenkrawatte, die sich um den nackten Hals der Moderatorin wand. »Hey, hier ist Mirjam mit den MTV-Charts«, rief diese aufgekratzt in die Kamera. Und ein paar Flure weiter, in ihrem Stylistenbüro, lehnte sich Katja Fuhrmann glücklich zurück.

Sie hatte es geschafft: MTV-Designerama war auf Sendung. Zum ersten Mal trugen die Moderatoren keine bekannten Markenklamotten, sondern die Kreationen junger Talente.
Das war im September 2002 – und seitdem warten die Zuschauer ungeduldig auf die nächste Designerama-Zeit: Alle fünf Wochen präsentieren Markus Kavka, Anastasia & Co neue Entwürfe. Mal moderieren sie in schrill-bunten Stücken, wie im pinken Korsagen-Outfit von »Butterfly Soulfire«, mal tragen sie Weiblich-Laszives wie die Kleidung von »Goyagoya«. MTV sorgt dafür, dass die Kollektionen anschließend in ausgewählten Geschäften erhältlich sind. »Wir wollen Designer mit Herzblut fördern: junge Leute, die nichts anderes machen wollen als richtig gute Mode«, sagt Designerama-Erfinderin Katja Fuhrmann.
Sie selbst ist gerade mal 23, mit wilden Kringellocken, einem gehörigen Dickkopf und ziemlich viel Dampf unterm Hintern: Abi mit 17, Ausbildung zur Werberin, dann freiberufliche Stylistin. Nebenbei hat sie sich Nähen beigebracht, eine erste Kollektion entworfen und erfolgreich in die Läden gebracht. Sie hätte auch als Designerin weiterarbeiten können. Doch dann hat ihr MTV eine feste Stelle als Stylistin angeboten – und nach kaum zwei Monaten bei dem Musiksender ist sie mit dem Konzept für Designerama zur Geschäftsleitung marschiert. »Es war einfach Zeit für ein Fashion-Format«, sagt sie. »Wir waren nicht mehr glaubwürdig als Sender, der sich als Trendsetter versteht.«

MTV hat keinen Werberummel gemacht mit Trailern wie »Talente gesucht!« oder »Wir machen aus Euch Designer-Stars«. Stattdessen hat Fuhrmann still und heimlich kleine Trendläden abgeklappert – immer auf der Suche nach ungewöhnlichen Jungdesignern. In einem Frankfurter Schaufenster entdeckte sie beispielsweise Slips von »Goyagoya«, auf die ein knallroter Fliegenpilz appliziert war. »Sie kam dann gleich ins Geschäft rein und hat von Designerama erzählt. Wir haben sofort Ja gesagt«, erzählt Johannes Hock, der »Goyagoya« mit seiner Frau Elena betreibt. Seitdem ziert ein zusätzliches Designerama-Etikett ihre Kleidungsstücke. Und der Fliegenpilz-Slip wurde zum ersten »Must-Have«: Das ist ein monatlich wechselnder Artikel, der in allen Läden zu haben ist – denn ansonsten bietet Designerama ja eher Einzelstücke.
Zu Katja Fuhrmanns Lieblingsdesignern gehört auch das Frankfurter Label »Lin«. Sie bewundert die klaren Schnitte mit Raffinessen – und vor allem auch die Schuhe, »die sind zum Sterben schön«. Eine der Designerinnen von »Hartbo & L'wiG« hat Fuhrmann in einem Levi's-Store entdeckt, wo sie die Jeans auf Kundenwunsch personalisierte. »Es wäre so schade gewesen, wenn sie dort versauert wäre«, sagt Fuhrmann. »Ihre eigene Kollektion ist so extravagant, ein bisschen im fünfziger-Jahre-Stil, sehr feminin. Inzwischen wurde sie schon von ›Vogue‹, ›Elle‹ und ›Allegra‹ angesprochen – einfach Wahnsinn, wie sich die Dinge entwickelt haben.« Dafür hat Katja Fuhrmann hart gearbeitet. Neben ihrer Aufgabe als

»Niemand will Massenware«, sagt sie. »Die Leute lieben Einze stücke, sie wollen ihren eigenen Stil haben, Individualität zeiger

Stylistin bei MTV betreut sie Designerama allein. Den Vertrieb hat eine außenstehende Zwei-Mann-Firma übernommen: MTV nimmt es den Designern schließlich auch ab, sich selbst um den Verkauf ihrer Kollektionen zu kümmern. So können sie sich voll auf ihre kreative Arbeit konzentrieren.
Bisher gibt es neun Geschäfte, die unter anderem Designerama-Stücke verkaufen – in Deutschland, Österreich und der Schweiz. »Slips« am Münchner Gärtnerplatz etwa hat sogar ein eigenes Designerama-Schaufenster, das über und über mit dem Logo geschmückt ist. Die Händler bekommen regelmäßig eine Auswahl an neuen Teilen geschickt. Wenn manches nicht gut ankommt – kein Problem. Der Vertrieb tauscht sie einfach um. »Anderswo können die gleichen Sachen phantastisch laufen«, sagt Fuhrmann. »Was sich in München nicht verkauft, ist vielleicht in Berlin der Hit.«
Sie ist überzeugt, dass Designerama voll dem Zeitgeist entspricht – mit den limitierten, oft handgemachten Stücken und den kleinen Besonderheiten, die jedes Outfit kennzeichnen. »Niemand will Massenware«, sagt sie. »Die Leute lieben Einzelstücke, sie wollen ihren eigenen Stil haben, Individualität zeigen. Und trotz der vielen Arbeit, die drinsteckt, sind Designerama-Teile erschwinglich.«
Um auf das neue Label aufmerksam zu machen, organisiert MTV medientaugliche Events wie Modenschauen. Oder es zaubert »Pop-Up-Stores« hervor – mobile Geschäfte, die von Großstadt zu Großstadt ziehen und in denen eine Woche lang gefeiert und geshoppt wird. Für die beste Designerama-Werbung sorgen aber Prominente. Viele MTV-Moderatoren tragen die Stücke inzwischen auch außerhalb ihrer Sendungen. Kavka zum Beispiel liebt Eva Gronbachs Adlershirt, und Anastasia lässt sich für Galas und TV-Auftritte mit »Goyagoya«-Outfits ausstatten. Für großen Wirbel hat Stefan Effenberg mit einem T-Shirt von »evaeva« gesorgt: »Sei lieb«, stand da in schnörkeliger Schrift, als der Fußballrabauke sein Buch vorstellte. »Jeder Artikel, der danach über ihn geschrieben wurde, bezog sich immer auf das Shirt«, sagt Katja Fuhrmann zufrieden. »Und das wollten danach alle haben.«
Sie selbst kann sich vor Bewerbungen kaum retten, sogar Designer aus Sao Paolo und New York wollen in den Designerama-Pool. »Naja«, sagt Fuhrmann lachend, »ein paar Bewerbungen sind auch nicht so durchdacht. Das sind teils sehr junge Leute, die den Trailer sehen, heute eine Kollektion erfinden und sie morgen bei uns einschicken.« Tatsächlich verlangt sie von ihren Designern, dass sie es ernst meinen, hart arbeiten, »200-prozentig«. Und so kommen monatlich nur ein bis zwei Talente neu dazu, andere scheiden wieder aus.
Für die Zukunft hat Katja Fuhrmann große Pläne. Sie träumt davon, eigene Designerama-Shops zu eröffnen. Vielleicht erst in München, dann in Berlin. In ihnen gäbe es natürlich ausschließlich die neuesten MTV-Kollektionen zu kaufen. »Wir könnten uns besser präsentieren und die Läden mit viel Charme und

ür die Zukunft hat Katja Fuhrmann große Pläne. Sie träumt
davon, eigene Designerama-Shops zu eröffnen

Liebe zum Detail ausstatten«, schwärmt sie. »Das ist einfach was anderes, als wenn in einem anderen Geschäft nur ein Designerama-Ständer steht.«
Vielleicht ließe sich auch das MTV-Netzwerk ausnützen: Begabte Designer gibt es schließlich auch in anderen Ländern. Warum sollte die Designerama-Idee nicht von anderen MTV-Stationen aufgenommen werden, mit denen man kooperieren könnte? Und Katja Fuhrmann kann sich auch vorstellen, prominente Paten für die Nachwuchsdesigner zu begeistern. »Wenn wir jetzt mal träumen ... zum Beispiel von einer Madonna oder einer Kylie Minouge, die sich von einem jungen deutschen Designer ausstatten lässt ... das wäre schon toll.«

TEXT: DELA KIENLE

INFOS UNTER: WWW.MTV.DE/DESIGNERAMA/

TRENDFORSCHUNG

Trend ist ... – ja, was ist ein Trend? Und viel wichtiger: Wer bestimmt ihn? Wer sagt uns, was wir im nächsten Frühjahr tragen und wohin wir fahren?

Reisen sind out! »Die Menschen werden ihr Geld für Wellness im Alltag ausgeben, für die täglichen Ferien.« Was? Keine Ferien mehr auf Mallorca? Kein Sommerurlaub auf Korsika? Stattdessen alle fünf bis sechs Jahre eine längere Auszeit von drei bis sechs Monaten, in der wir Abstand zum Alltag und den Weg zu uns selbst suchen? »Genau so!«, behauptet Li Edelkoort. Und das ist nicht alles: »Wir alle werden ein kollektives Alice-im-Wunderland-Feeling erleben«, prophezeit die 53-Jährige. Denn das Internet, die virtuelle Realität, die komplexen globalen Zusammenhänge und der hohe Wissensstand – das alles verwirre die Menschen nur. Einzige Möglichkeit, dem Wissenschaos zu entkommen: Wundern und Staunen. »Ein ganz wichtiger Trend!«

Ob er eintrifft? Verwunderlich wäre es nicht, denn die in Paris lebende Holländerin hat mit ihren teils etwas märchenhaft klingenden Vorhersagen schon mehr als einmal Recht behalten. Li Edelkoort ist die Grande Dame der Trendforschung. Seit rund 15 Jahren erklärt sie großen Firmen den kommenden Lifestyle. Trendforschung ist der Versuch, die Zukunft vorherzusagen. Wie die Menschen ticken, welches Lebensgefühl die Jugend beherrscht, wie die Autos aussehen müssen, die die Leute in fünf Jahren kaufen. Trends zu erkennen sei keine geheimnisvolle Kunst, meint Edelkoort. »Trends werden schließlich nicht erfunden, sondern liegen in der Luft.« Ihr Rezept: »Man muss aufnahmefähig und neugierig sein.«

Und weil sie aufnahmefähiger und neugieriger ist als viele Manager, ist sie gut im Geschäft: Sie berät Siemens bei der Entwicklung eines neuen Handys, für die wichtigste Stoffmesse der Welt, die »Première Vision« in Paris, entwickelt sie seit Jahren die Farb- und Themenwelten der Mode. »Ob ich Automarken, Textilfirmen oder Möbelhersteller berate, spielt für mich keine Rolle«, sagt sie. »Denn wenn das Lebensgefühl der nächsten Jahre Freizeit und Ferienfeeling ist, dann lässt sich das auf alle Produkte, Farben und Formen übertragen.« Zweimal im Jahr gibt ihre Agentur die rund 1000 Euro teuren »Trend-Books« heraus. Außerdem verschiedene – und ebenfalls sündhaft teure – Zeitschriften: »View on Colour«, »In View« und »Bloom«, ein Magazin, bei dem es um den Garten geht.

Dieses »Erspüren« von Trends kann funktionieren, muss es aber nicht. Trotzdem sind »Schnüffelnasen« wie Li Edelkoort gut im Geschäft. Denn die Zukunft hat einen langen Vorlauf: Weltweit agierende Textilproduzenten beispielsweise müssen rund zwei Jahre im Voraus wissen, welche Materialien und Stoffe sie brauchen. Sonst sind sie nicht dabei, wenn die Modehäuser wie auf ein geheimes Kommando hin ihre Schaufensterpuppen in Baumwollcord kleiden oder Möbelhersteller orangefarbene Sessel in die Auslagen stellen. Und ein verpasster Trend bedeutet: Die Kasse bleibt leer!

Ist Trendforschung reine Gefühlssache? »Überhaupt nicht!«, winkt Professor Walter Bungert von der Universität Mannheim ab. Der Psychologe glaubt, dass jeder lernen kann, Trends zu erkennen. Seine Schlagworte: »Scanning«, »Monitoring«, »Desk Research«: Wer zum Beispiel pro Monat 100 bis 300 Zeitschriften durchblättere, dabei auf Symbole, Sprachwendungen, Körperbilder achte und versuche, wiederkehrende Motive und Ähnlichkeiten zu erkennen – der würde sehr schnell ein Gefühl für gesellschaftliche Strömungen entwickeln. Und wenn dann noch zusätzlich verschiedene Experten unabhängig voneinander zu ihrer Meinung befragt und regelmäßig Gruppendiskussionen mit Konsumenten durchgeführt würden, »dann liegt die Zukunft offen vor einem«.

Die weltweit größte »Expertenbefragung« läuft derzeit im Internet und wird vom Trendforschungsbüro »Look-Look« durchgeführt. Die von der Trendforscherin Dee Dee Gordon gegründete Firma möchte die »Nachrichtenagentur der Jugendkultur« werden. Ausspähen sollen sich die Jugendlichen selbst. Etwa 20 Prozent der Jugendlichen zählt Dee Dee Gorden zu den »Trendsettern«: »Was sie anfangen, breitet sich schnell in andere Märkte aus.« Tausende von ihnen will Gordon in allen trendrelevanten Metropolen an ihre Lieblingsplätze senden: Bars, Clubs, Konzerte, Einkaufszentren, Szeneviertel. Ausgestattet mit Notizblöcken und Digitalkameras wird dort alles fotografiert und notiert, was irgendwie neu ist. Ihre Beute schicken die »Scouts« dann per E-Mail in die »Look-Look«-Zentrale nach Hollywood. Dort wird das Material sortiert und gewichtet und die Ergebnisse werden einer zahlenden Kundschaft zur Verfügung gestellt. Für die »Scouts« gibt´s ein Taschengeld.

Dee Dee Gordon ist in der Szene berühmt: Der von ihr herausgegebene »L-Report« gilt als die Bibel der Teenie-Forschung. Jahresabo: 20.000 Dollar. Eine Ausgabe, die sich für die zahlenden Firmen lohnt. Allein in Amerika geben Jugendliche pro Jahr 130 Milliarden Dollar Taschengeld aus. Und wer etwas von diesem Kuchen abbekommen möchte, muss wissen, was die Kids interessiert.

Doch trotz aller Bemühungen: Ob ein Trend tatsächlich eintritt, kann niemand wirklich voraussehen: Der Bekleidungsriese »C&A« beispielsweise glaubte seinen Zeitgeistberatern und ließ seine Kaufhäuser in trendige Konsumtempel umbauen – ohne nennenswerte Umsatzsteigerung. Wie schrieb Goethe in seinem »Faust«? »Was Ihr den Geist der Zeiten heißt, das ist im Grund der Herren eigner Geist.« Glücklicher ist da schon, wer einen Trend rechtzeitig erkennt und schnell auf den fahrenden Zug aufspringt. Beispiel Adidas. Die Firma aus Herzogenaurach verdankt ihren Geschäftserfolg unter anderem der Sängerin Madonna. Anfang der neunziger Jahre entdeckte die bei den Rappern in den schwarzen Ghettos die vollkommen aus der Mode geratenen Adidas-Anzüge und erhob die Firma zum Kult. Unternehmenssprecher Jan Runau: »Die Trendwende kam aus der Szene. Wir haben das lediglich unterstützt, indem wir die alten Modelle wieder aufgelegt haben.«

Das Unternehmen hofft auf eine Wiederholung: Vor kurzem nämlich schoss einer der vor Madonnas Haus ständig auf der Lauer liegenden Paparazzi folgendes Bild: Madonna, verstrubbelt, ungeschminkt und verschlafen – in den sonst nur bei Bademeistern beliebten »Adiletten«.

TEXT: PHILIP ALSEN

INFOS UNTER:
WWW.EDELKOORT.COM
WWW.LOOK-LOOK.COM
WWW.TRENDBUERO.DE

»View on Colour«, »In View« und »Bloom« – die Trendmagazine aus dem Hause Edelkoort gelten als Inspirationsquelle für Mode-Insider. Die Fotostrecken haben eines gemeinsam: Sie sind immer progressiv

 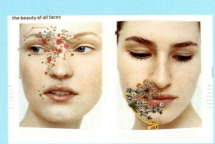

Modejournalisten sind Leute, die über Mode schreiben. Aber Mode ist ein Wirtschaftsfaktor. Dabei geht es um Geld, genau wie beim Zeitschriftenmachen. Und wo es um Geld geht, kann auch ein Journalist nicht immer so, wie er vielleicht will. Gibt es einen Ausweg? Die Modeexpertinnen Jane Garber und Birgit Schlotterbek erzählen von ihrem Job – ein Beruf, zwei Meinungen.

Berlin, Bezirk Mitte, morgens gegen 10 Uhr: Mit ein paar Schritten von der Küche ins Wohnzimmer ist Jane Garber an ihrem Arbeitsplatz. Fotoabzüge, Druckfahnen, stapelweise Zeitschriften, Kartons, voll gehängte Kleiderstangen, die ausgedruckte Struktur des nächsten Heftes ... »Während der laufenden Produktion ist es sehr schwer, hier Ordnung zu halten«, erklärt sie. »Zum Aufräumen komme ich erst, wenn das Heft am Kiosk liegt.«
Zeitgleich in Hamburg: Birgit Schlotterbeks Arbeitstag beginnt meist mit einer Konferenz im Kreis der Redaktion. Wie laufen die einzelnen Produktionen? Gibt es neue Ideen? Wie sind die Bilder des neuen Fotografen geworden? Ihr Team besteht aus zwei Redakteuren, einer Assistentin und einer Bookerin. Moderne Büroräume statt chaotischer Wohnzimmeratmosphäre.
Jane Garber hat nur selten eine Redaktionskonferenz und auch keine modernen Büroräume: »Manchmal treffen wir uns irgendwo, die meiste Zeit aber arbeite ich allein in meinem Wohnzimmer.« E-Mail und Telefon ersetzen die täglichen Treffen mit der Redaktion. Ihr Team? »Gibt es nicht. Wenn es um den Modeteil in unserem Heft geht, bin ich allein. Ich plane, produziere, schreibe, kümmere mich um die Fotografen, besorge die Klamotten und repräsentiere bei Firmen und Agenturen.«
Jane Garber ist Modechefin der vierteljährig in Berlin erscheinenden »Qvest« (Auflage: 47.000 Exemplare), Birgit Schlotterbek hat bis vor kurzem das Moderessort der »Amica« geleitet. Jeden Monat ein Heft, durchschnittlich verkaufte Auflage: 322.000 Exemplare. Zwei Frauen, zwei Redaktionen, ein Job und die Frage: Was ist Modejournalismus? Für beide steht fest, die Welt der Mode ist faszinierend. Aber wie berichtet man darüber? Wie breit ist der Grad zwischen Berichterstattung und Kommerz?
»Wir zeigen die Mode, die wir zeigen möchten«, sagt Jane Garber und legt nach: »Niemals würden wir ein Label redaktionell hochjubeln, um dadurch eine Anzeige zu bekommen.«
Und bei »Amica«? »Natürlich bin ich in meiner Entscheidung, was ich zeige und was nicht, frei«, stellt auch Birgit Schlotterbek klar. »Aber«, räumt sie ein, »natürlich kann es vorkommen, dass ein guter Anzeigenkunde von uns redaktionell eher bedacht wird als jemand, der keine Anzeigen schaltet.«
Eine Branche, zwei Ansätze. »Amica« wird von der Hamburger Verlagsgruppe Milchstrasse herausgegeben. Das Team ist redaktionell unabhängig – solange das Blatt Erfolg hat. Und wie misst sich Erfolg? Für die Redakteure sind es die Anerkennung in der Branche und die Auflage. Für die Verlagskaufleute sind es Anzeigenbelegung und Erlöse.
»Qvest« lebt vom Idealismus seiner Mitarbeiter. Aus Sicht eines Marketingmanagers ist das Heft ein Chaos: Die Zielgruppe sind lapidar »alle, die sich für Mode, Trends, Menschen und Lifestyle interessieren«. Das Heftkonzept, die Themen, der Textstil – nichts ist definiert. Die kleine Frau mit den roten Haaren und den smaragdgrünen Augen lächelt:

»Erlaubt ist, was uns gefällt, und unser eigener Geschmack ist das einzige Maß, an dem wir uns messen müssen.«

Eine teuer erkaufte Freiheit: Denn keiner der Redakteure und Mitarbeiter bekommt ein Gehalt oder Honorar. Alle – Fotografen, Autoren und Grafiker – arbeiten unentgeltlich. Denn alle verbindet ein Wunsch: kreativ zu arbeiten, ohne Druck und ohne Barrieren. Etwas auszuprobieren, innovativ und mutig zu sein. Kaum ein Tag vergeht, an dem Jane Garber keine Anfrage eines Fotografen bekommt, ob er nicht für »Qvest« produzieren dürfe: »Da sind berühmte Namen drunter«, staunt sie. »Leute, die wir uns selbst dann nicht leisten könnten, wenn wir richtig Geld hätten.« Doch auch für diese Fotografen gilt das scheinbar einzig festgeschriebene Redaktionsstatut: »Wenn sie uns nicht gefallen, kommen die Bilder nicht ins Blatt.«

Trotzdem reißt der Strom der Anfragen nicht ab. Warum? »Weil sich Fotografen«, so die Vermutung der Ostberlinerin, »selbst immer noch als Künstler sehen.« Künstler aber brauchen Freiheit. Und die lassen die meisten Redaktionen und Auftraggeber ihnen nicht: Bildsprache, Motivwahl, Look – kaum ein Blatt oder Katalog überlässt so etwas dem Fotografen. Bei großen Katalogproduktionen bekommen die Fotografen sogar Skizzen in die Hand, auf der die Stellungen der Models und die Position jedes einzelnen Requisits eingezeichnet sind. Anders bei den Berlinern: »Wir besprechen mit ihnen zwar ein Thema, aber sie dürfen in ihren Bildern ihre eigenen Geschichten erzählen.« Und selbst wenn es nicht gefällt, »dann haben sie etwas Besonderes für ihre Mappe«.

Prestige genießt »Qvest« auch bei Designern und Agenturen: »Weil wir uns keinen Vertrieb im Ausland leisten können, fahre ich oft mit dem Auto nach Paris, den Kofferraum voll mit der neuesten Ausgabe.« Und die verteilt sie dann in den einzelnen Showrooms, bei den Agenturen und Pressestellen. Geld sparen und Kontaktpflege in einem: »Die Resonanz ist jedes Mal enorm: Neulich rief ich abends um sieben bei Dior an, weil ich für eine Fotoproduktion noch ein bestimmtes Kleid brauchte. Am nächsten Morgen um acht war es hier. Dabei hätten die es nun wirklich nicht nötig, sich für uns ins Zeug zu legen.«

Der Grund für so viel Idealismus und Wagemut ist eine Kritik an Blättern wie »Amica«. Denn Jane Garber ist eigentlich Designerin – und zwar eine von der Presse zutiefst frustrierte: »Die Modeberichterstattung in Deutschland ist eine Art redaktioneller Fortführung der Kataloge. Selten erfährt man Neues, kaum liest man Kritisches, und kaum eine der Redakteurinnen informiert sich.« Und wenn tatsächlich mal ein Blatt einen jungen deutschen Designer vorstelle, dann würde kurz darauf auch in den anderen Blättern über ihn geschrieben. »Weil da einer vom anderen abschreibt. Eigene Ideen haben die kaum.« Höhepunkt ihres Frustes: »Als Designerin bin ich mal eingeladen worden, meine Kollektion in Tokio und Kioto auszustellen. Für

einen deutschen Modemacher ist das schon ein Erfolg. Nur hat sich von der hiesigen Presse niemand dafür interessiert.« Stattdessen sei man damit beschäftigt, sich selbst zu feiern: Kaum eine Redakteurin, die in Paris in die Showrooms gehe, um sich die neuen Kollektionen aus der Nähe anzusehen, kaum mal eine Berichterstattung über junge, talentierte Designer. Sehr selten handwerkliches Verständnis. Stattdessen eitles Gezicke darüber, in welcher Reihe man bei den Schauen sitze und wer auf welcher Party eingeladen sei. Eine »Bussi-Gesellschaft«, zu der sich Jane Garber nicht zählen will.

Birgit Schlotterbek ficht solche Kritik nicht an: »Natürlich gibt es diese Modeszene, der man nachsagt, sie feiere hauptsächlich sich selbst«, stimmt sie zu. »Wir reden hier schließlich über eine sehr glamouröse Welt, von der man durchaus behaupten kann, sie sei ein wenig weltfremd. Aber als gute Journalistin kann ich mich da raushalten beziehungsweise nur einen bestimmten, zur Kontaktpflege notwendigen Teil mitmachen.« Ihr Weg in den Modejournalismus führte über das Designstudium direkt in die Welt der Verlage: Volontariat, Assistenz im Moderessort, Redakteurin, Ressortleiterin. Sie weiß, wie Zeitschriften ticken und womit Geld verdient wird. Idealisten wie Jane Garber bewundert sie für ihre Hingabe, nachvollziehen kann sie es nicht. Warum soll man sich den Gesetzen des Marktes nicht unterordnen, wenn man dadurch zumindest die Chance bekommt, etwas zu bewirken: »Selbst wenn man einige Teile einfach zeigen muss, damit die Firma eine Anzeige schaltet: Es gibt in jeder Kollektion etwas, das man seinen Leserinnen mit gutem Gewissen zeigen und empfehlen kann.« Würde sie jemandem das Studium des Modejournalisten empfehlen? Zumindest nicht, wenn man sich nur auf das Schreiben von Modetexten beschränken wolle. Wenn, dann ein breit gefächertes. Redakteure, die sich ausschließlich um Modetexte kümmerten, gäbe es in den Redaktionen nicht mehr: »Das ist reiner Luxus, den sich in diesen Zeiten die wenigsten Verlage leisten können oder wollen.«

Jane Garber geht den anderen Weg. Sie hofft, eines Tages eine Assistentin einstellen zu können. Und dass die Mannschaft von »Qvest« sich irgendwann eigene Redaktionsräume leisten kann. Bis dahin bleibt der Konferenzraum, je nach Situation, entweder ein Café in Berlin-Mitte oder eine Location, in der sie gerade eine Modestrecke produziert. Sie weiß: »›Qvest‹ ist unter den Modezeitschriften ein Exot, der nur durch den Idealismus seiner Macher und die ungewöhnliche Produktionsweise überlebt. Aber ich hoffe, dass das noch lange so bleibt.« Sie möchte weiterhin frei und unabhängig über Mode berichten. Das Urteil darüber fällt nur der Markt.

TEXT: PHILIP ALSEN

INFOS UNTER:
WWW.QVEST.DE
WWW.AMICA.DE

GIRAULT-TOTEM

In der Szene heißt es: »If you want to make them big, give them to Totem«. Götz Offergeld, 29, Geschäftsführer der Berliner Modeagentur **Girault-Totem,** mag diesen Satz. Weil er so schön einfach ist und auf den Punkt bringt, was das Totem-Team kann: Designtalente berühmt machen, national und international.

Götz Offergeld:
Deutscher Chef der internationalen Mode- und Trendagentur Girault-Totem

»Jeder junge Modemacher, der was will da draußen, sollte uns kennen«, sagt Offergeld

Bernhard Willhelm, Markus Lupfer, Dirk Schönberger, die Labels »Sotio_Stich« und »Hotel« – sie alle haben schon von dem gigantischen Netzwerk von Girault-Totem mit Hauptsitz Paris profitiert. »Jeder junge Modemacher, der was will da draußen, sollte uns kennen«, sagt Offergeld. Seine Agentur promotet dort, wo in Deutschland bislang eine Lücke klafft: an der Schnittstelle zwischen jungen Kreativen und Öffentlichkeit. Girault-Totem hat die besten Kontakte: zu Modemagazinen, Fotografen, Stylisten und Geldgebern – eben allen wichtigen Leuten der Branche, die über Erfolg und Misserfolg entscheiden. Madonna, Robbie Williams, Franka Potente, Cosma Shiva und Nina Hagen – sie alle haben schon getragen, was Totem-Designer geschneidert haben.

Es ist ein kurzer Blick auf die Kollektion, ein erster Eindruck, ein subjektives Gefühl – dann weiß Götz Offergeld, ob es sich lohnt. Ob es Sinn macht, einen jungen Designer unter Vertrag zu nehmen, ihn auf den Weg zu bringen. Ob genügend Biss da ist, den es braucht, um Großes zu schaffen. »Helmut Lang, Vivienne Westwood, die alle waren schon oft genug pleite und haben sich wieder emporgekämpft – nur redet davon heute keiner mehr. Wer Mode machen will, braucht Stehaufmännchen-Qualitäten«, sagt Offergeld.

Vor vier Jahren ist Offergeld mit der Totem-Dependance an die Spree gekommen. 600 Quadratmeter Fabriketage in Kreuzberg, acht Kollegen – hier werden Trends aufgespürt, Hypes geplant und gesteuert. Wenn »Vogue«, »Elle« oder andere Hochglanzblätter wissen wollen, wessen Kollektionen sie in Szene setzen sollen, kramen sie in dem riesigen Showroom von Totem und lassen sich mit szenigen Outfits versorgen. Und doch geht es nur schleppend voran: »Was Mode angeht, ist Deutschland ein absolutes Entwicklungsland«, sagt Offergeld. Da sind all die Modeschulen, die zwar ambitionierte Abschlusskollektionen präsentieren, doch die Entwürfe sind so abgedreht, dass der Markt wenig damit anfangen kann. Da sind die Designer, die Talent haben, aber nach ihrer Ausbildung nicht wissen, wie sie sich vermarkten sollen. Da sind Vertriebswege, die viel zu lang sind, und Geldgeber, die lieber auf Altbewährtes setzen, als Neues zu wagen. »Eben viel zu viele Leute, die sich viel zu wenig trauen. Dabei hat Deutschland großartige Designtalente. Nur dass die sich alle im Ausland besser gefördert fühlen und lieber dort lernen. Kollektionen, die Modeschüler in

Er glaubt daran, Berlin zu einer Mode-Metropole zu machen

Antwerpen präsentieren, könnten genauso gut auf Schauen in Paris gezeigt werden. In Deutschland sind wir von diesem Niveau noch meilenweit entfernt«, sagt er.
Aber was ist mit einer Vivienne Westwood, die Modeschülern an der Hochschule der Künste in Berlin das Handwerk lehrt? Ist das nicht glamourös genug? »Das hat doch nichts mit Innovation und Kreativität zu tun. Jeder Schüler, der dort abgeht, macht Mode im Westwood-Stil. Internationale Aufmerksamkeit erregt das längst nicht mehr«, sagt Offergeld. Trotzdem glaubt er weiter daran, Berlin zu einer Mode-Metropole zu machen. »Hier springt so viel kreatives Potenzial herum – das ist gigantisch! Nur wissen die alle nicht, was sie damit machen sollen«, sagt Offergeld, der Steuerfachgehilfe gelernt hat, dann Berater beim Musiksender MTV war und irgendwann zu Girault-Totem nach Frankreich kam. Paris, Mailand und New York, wenn dort zur Fashionweek geladen wird, sind alle vor Ort. Und Deutschland? »Seit Jahren werbe ich für eine Fashionshow und renne gegen die Wand«, sagt er. Passieren tut wenig. Nicht mal in Berlin, der Stadt, die so gerne internationales Flair verbreiten möchte. Das Brandenburger Tor als Laufstegkulisse? Der Senat hat andere Sorgen!

Dabei hatte sich Offergeld so viel von der Hauptstadt versprochen. Wo, wenn nicht hier?
Schwer zu sagen, ob der Agenturchef enttäuscht oder einfach nur auf beschwerlicher Mission ist. Man kann es nicht ablesen, wenn er so dasitzt, im weißen, verwaschenen T-Shirt, den hellen Jeans und dem Drei-Tage-Bart. Über die Zustände schimpft und gleichzeitig stolz ist. Auf das, was Totem schon geschafft hat, und auf das, was er in Berlin noch bewegen kann. »Wir können Designer nur bis zu einer bestimmten Größe betreuen«, sagt Offergeld. Irgendwann explodieren die Kosten. Dann, wenn der Ruhm zu groß wird und die Mission von Girault-Totem eigentlich erfüllt ist: junge Kreative vom Sprungbrett hinunterzuschubsen.
Aber wer weiß? Vielleicht ist Götz Offergeld ja bald das, als was Kuki de Salvertes, sein Pariser Agenturboss, schon längst gefeiert wird: einer der zehn wichtigsten Leute im Modebusiness zu sein.
TEXT: EVA LEHNEN

INFOS UNTER: WWW.GIRAULT-TOTEM.DE

›AS FOUR‹

»Wir sind unsere Arbeit und unsere Arbeit ist unser Leben«

KAI

Die Fantastischen Vier. Vier Köpfe, viele Ideen, aber eine kreative Einheit: Das ist »As Four« – New Yorks extraordinäres Designerquartett. Gefunden haben sich die vier 1997; sie stammen aus den unterschiedlichsten Ecken der Erde. Kai aus Deutschland, Adi aus Israel, Ange aus Tadschikistan und Gabi aus dem Libanon. In New York haben sie sich ein neues Zuhause geschaffen: »Für uns ist diese Stadt der beste Ort der Erde, das Zentrum der Welt. Hier sind wir dem amerikanischen Traum am nächsten, hier können wir ›As Four‹ sein.«

Die Geschichte von »As Four« ist mittlerweile eine viel beschriebene Legende. Dafür gibt es Gründe: Beruf und Leben scheinen zu einer Einheit, ihre Egos zu einer Identität verschmolzen. Alter und Nachnamen sind unbekannt. Sie leben und arbeiten in einem silberfarbenen Loft, dem »Future Planet of Style« in Chinatown, teilen sich Bett, Pittbullhündin Powder und Visionen. Ihr glamouröses Auftreten ist das Spiegelbild ihrer eigenen Kreationen, mit dem sie erfolgreich aus der Modeindustrie hervorglitzern.

FOTOS: ERNESTO GONZALES

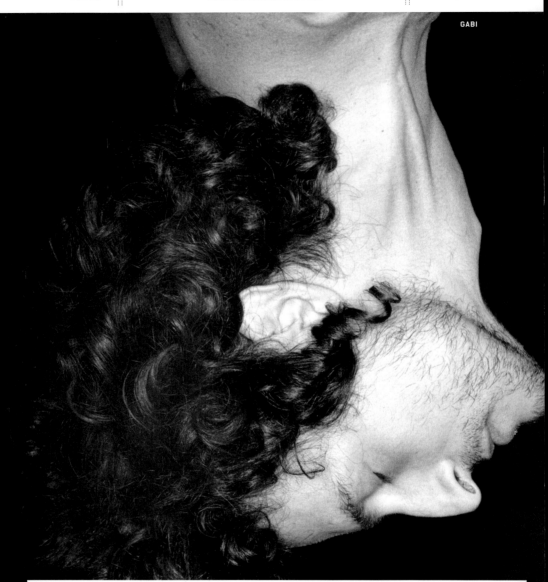

GABI

Sie haben Kunden wie Björk, werden in den Exklusiv-Kaufhäusern Barneys und Colette verkauft und sind berüchtigt für ihre spektakulären Auftritte auf der New Yorker Fashion Week. Ihre zu Kleidung gewordenen Extravaganzen scheinen aus einer anderen Zeit und sind dabei doch zeitlos. Die individuellen Entwürfe spielen mit unkonventionellen Schnitten, opulenten Stoffen, glamourösen Details und Materialien wie Pailletten und Tüll. Sie selbst definieren sich mehr als Künstler denn als Modedesigner. Das bestätigen auch Museen wie zum Beispiel das Cooper Hewitt in New York, das eines ihrer Stücke ausstellt. Damit haben die vier beste Aussichten auf eine erfolgreiche Erfüllung ihres Lebensmottos: »Wir wollen niemals vergessen werden«, sagten sie einmal im Interview mit dem »Spiegel«.

TEXT: NADINE SIEGER

INFOS UNTER: WWW.ASFOUR.NET

ADI

»Wir müssen niemanden beeindrucken außer uns selbst«

USCHA POHL

FOTO: SARAH SHATZ

Schon mit 15 Jahren wusste Uscha Pohl, dass die Fremde ihre Heimat ist. So hat sie Düsseldorf gleich nach dem Abitur den Rücken gekehrt, um ihren Zukunftsvisionen nach London zu folgen.

Heute lebt Uscha Pohl, 37, in New York den Traum von damals. Ihr Beruf? Eine Fusion kreativer Disziplinen, in der ihre Lust auf Mode, die Leidenschaft für Kunst und ein international gespanntes Netzwerk miteinander verschmelzen. Arbeit und Leben spielen sich in ihrem Loft in Tribeca ab, das gleichzeitig ihr Zuhause, Galerie und Redaktion ihrer internationalen Styleguides und der Kunstzeitschrift »Very« ist. Ihr Fernweh stillt sie, indem sie in ihrer Zweitheimat London am Royal College lehrt. Die Guides gelten mittlerweile als Insiderbibeln der kreativen Szene, weil sich darin jeder wichtige Kontakt von Designern, Agenturen und Fotografen von New York bis Tokio findet.

Ein Interview über Mut, Möglichkeiten und Uscha Pohls persönliche Definition von Mode

Nachdem Sie in London studiert, als persönliche Assistentin von Vivienne Westwood und zwei Jahre für den asiatischen Designer Koji Tatsuno gearbeitet haben, sind Sie 1994 nach New York gezogen. Warum der Wechsel?
Ich kannte New York überhaupt nicht, habe mir aber einiges erwartet: Dass man dort schnell Feedback bekommen würde; lernt, Geld zu verdienen. Und dass man egoistischer wird, weil man sich durchboxen und für sich selbst da sein muss.
Kann man seine Träume in New York besser verwirklichen als anderswo?
Ja! Denn New York besitzt eine besondere Magie. Der Boden hier ist so hart, dass man immer in Aktion ist. Man kann sich jeden Tag neu erfinden und fällt dabei gar nicht auf. Und dann diese Offenheit. Hier ist einfach alles drin. New York ist gemacht für Außenseiter, die andere Außenseiter finden und sich selbst verwirklichen wollen.
Was hat es mit Ihrer Kunstzeitschrift »Very« auf sich und wie kam der Ableger »Very Styleguide« hinzu?
»Very« ist ein kreatives Ventil für mich. Ich will Künstlern damit eine Plattform bieten. Es lebt davon, dass es editorial- und nicht anzeigenlastig ist. Die Styleguides hingegen bringen aufgrund der Anzeigen das Geld rein. Sie sind kommerzieller angesetzt und einfacher zu verstehen. Ich muss darin nicht mein Lebenswerk und die Liebe zur Kunst erklären. Sie erscheinen zweimal jährlich zur New York Fashion Week und sind vielen Leuten nützlich, weil sie das Leben einfacher und interessanter machen. Wenn man »Very« und die Guides zusammensteckt, hat man alles: Inhalt, hippe Leute, Hot Spots, Kontakte, Shopping und Kunst.
Klingt, als wenn Sie immer an vielen Projekten gleichzeitig arbeiten?
Immer, am besten an 20 zur gleichen Zeit. Das macht am meisten Spaß und gibt mir den totalen Kick. Wenn ich Dinge bewege und Projekte in die Welt setze, habe ich das Gefühl, an der Kultur der Erde teilzunehmen.
Ist es Ihnen noch möglich, Privates von Beruflichem zu trennen?
Nein. Menschen, mit denen ich zusammenarbeite, werden meistens zu Freunden. Wenn mich eine

FOTOS: SARAH SHATZ

Uscha Pohl unterwegs in New York (links). Einer von Uschas »Very Styleguides«, die auf internationalen Modenschauen verteilt werden (oben)

Arbeit fasziniert, mag ich auch die Person dahinter. Wenn nicht, muss ich mich distanzieren. Für mich ist die Arbeit Ausdruck eines Menschen. Leider muss ich aber auch feststellen, dass viel Arbeit plus ein internationales Pendel-Dasein richtige Beziehungen nahezu unmöglich macht.

Die Grenzen zwischen den einzelnen kreativen Disziplinen verschwinden mehr und mehr. Mode wird zu Kunst, Kunst zu Produktdesign, Produktdesign zu Architektur. Was ist die Folge?

Die Identitäten gehen verloren und nur die Namen zählen. Dadurch wird alles viel flacher. Eine der vielen Vermischungen war Rem Koohlhas und sein Redesign der »Prada«-Läden. Das verleitet dazu, dass die Leute zu nichts mehr Farbe bekennen. Es gibt deshalb nur noch wenige Stars, und die machen dann alles. Der Rest kann zusehen, wo er bleibt.

Auf der Berlin Biennale haben Sie gesagt, dass die Selbstdarstellung im Medienbereich immer wichtiger wird. Ist das die Botschaft Ihres Kurses, den Sie am Royal College of Art in London geben?

In meinem Kurs »Kreative Selbstfindung« unterstütze ich die Studenten, sich selbst zu verwirklichen. Ich bin so eine Art Siebziger-Jahre-Rebell, der sagt: Trau dich, mach was. Hab Mut! Die Leute werden von dem System immer mehr eingezwängt und haben viel weniger Hoffnung. Mein Job ist, ihnen zu sagen: Guck es dir nicht an. Guck in dich selber! Sie müssen versuchen, die Außenwelt abzuschalten. Weil Kreativität von innen kommt und nicht aus den Magazinen, die sie täglich lesen.

Welche Attribute sind notwendig, um diese Kreativität in der Modebranche umzusetzen?

Durchsetzungsvermögen, visuelles Verständnis und die Fähigkeit, Ideen darzustellen, weiterzuvermitteln und andere Leute dafür zu begeistern. Das ist besonders wichtig, weil man meist im Team arbeitet. Wenn die Leute Spaß haben, transferiert sich alles leichter auf andere.

Wie sehen die Perspektiven der Modebranche aus?

Das Problem ist, dass die Verpackung mittlerweile wichtiger ist als das Produkt an sich. Es gibt gute Qualität für wenig Geld bei allen möglichen Firmen. Außerdem ist alles viel konservativer als früher. Die Leute trauen sich nicht mehr so viel. Kleider von der Stange sehen ähnlich aus wie die der High-End-Designer. Die wahre Couture ist vor 40 Jahren zu Ende gegangen. Heute ist sie nur noch eine Marketinggeschichte und kein sich selbst tragendes System mehr. Das läuft darauf hinaus, dass sich kleinere Designer auf kleine Linien zurückziehen und auf der anderen Seite die breite Masse ist.

Wie definieren Sie Mode?

Mode beginnt im traditionellen Sinn mit einer kleinen Vorreitergruppe und dehnt sich dann auf einem niedrigen Niveau aus. Ein Beispiel sind die breiten Schultern in den Achtzigern. Anfangs ein extremer Look, irgendwann trugen ihn dann alle.

Heute geht es mehr um Trends als um Mode. Ich denke, dass das Wort Mode im Moment nicht gerechtfertigt ist. Mode wird von einem Modeschöpfer kreiert, der seinen Stil entwirft. Er verkauft seine

Vision oder die eines Hauses und nicht, was er auf der Straße sieht. Trends gehen mehr vom Kommerz aus. Die Kreativen der großen Firmen sind keine Designer, sondern Trendscouts. Sie schauen sich die Menschen an, was sie anhaben, wie sie miteinander kommunizieren. Das ist eine Wiederverwertung der existenten Trends in der Sozialkultur verschiedener Länder. Du verkaufst den Leuten zurück, was du ihnen weggenommen hast.

Welcher Designer kreiert heute noch Mode und seinen eigenen Stil?

Vivienne Westwood zum Beispiel. Aber mein Favorit ist schon seit vielen Jahren »Comme des Garçons«. Die Entwürfe sind sehr strikt und immer originell. Die laufen nicht den anderen nach, sondern umgekehrt. Sie sind sehr konzeptorientiert, tragbar und bieten super Qualität.

Welche Rolle spielt Mode in der Welt?

Das Schöne an Mode ist, dass jeder mitspielen kann. Jeder Bauarbeiter hat seine Meinung. Mode ist wie ein Tummelplatz für alle Menschen und hat viele Attribute – wie man sich fühlt, was andere Menschen von einem denken – egal, ob man sich sexy anzieht, bequem oder konservativ. Mode ist ein ständiger Begleiter unseres Lebens und Ausdruck von Freiheit und Lebensart.

Wie würden Sie Ihren eigenen Stil beschreiben?

Unterschiedlich. Am meisten Spaß macht mir die Möglichkeit, mich zu verkleiden. Man kann Kleider zum Spielen benutzen, wenn man sich nicht in diese uniformen Identitäten einzwängen lässt. Aber ich gehe nie in Geschäfte. T-Shirts mache ich selber und sonst tausche ich oft mit Designer-Freunden gegen andere Dinge oder bekomme Klamotten geschenkt.

Was macht einen gelungenen Entwurf aus?

Es muss eine Harmonie zwischen der Idee, dem Konzept, den Materialien, dem Schnitt, den Details, der Farbe und den Proportionen bestehen. Für mich ist ein Entwurf nur gelungen, wenn er tragbar ist und die Leute gut aussehen lässt.

Gibt es Do's und Don'ts in der Mode?

Alle Regeln sind dazu da, gebrochen zu werden. Was heute »Don't« ist, ist morgen wieder in. Je mehr »Don't« es war, desto mehr in wird es sein. Aber ein absolutes »Don't« ist, wenn man 100 Ideen in ein Kleid bringen will, um sich nicht einzuschränken. Es ist gefährlich, sich nicht auf etwas festlegen zu wollen. Man muss ein paar gute Ideen verbinden und sich für etwas entscheiden. Design ist ein kontinuierlicher Entscheidungsprozess.

Wo finden Sie Inspiration für Ihre Projekte?

In Menschen, die ich treffe. Im Endeffekt ist es das Leben an sich, aber hauptsächlich in Menschen und Möglichkeiten. Das ist wie ein Katalysator. Inspiration finde ich auch in Fragen wie »Wo kommst du her? Was willst du? Wie wirst du mit dem Leben fertig?« In diesem nomadischen internationalen Leben geht es viel um Heimat.

Sehnen Sie sich manchmal nach einer Heimat?

Mein Loft ist meine Heimat. Deshalb lade ich sehr oft Leute zu mir ein. Mein Magazin ist wie mein eigener Staat, in dem ich alles kontrollieren kann. Ich schaffe mir die Geborgenheit selber.

Sind Sie in dem Leben angekommen, das Sie vor vielen Jahren noch als Traum definiert haben?

Ich glaube, ankommen wird man nie. Das ist immer eine große Falle. Aber ich habe auf jeden Fall eine Etappe erreicht. Das Wichtigste für mich ist, dass ich meine eigenen Entscheidungen treffen kann. Mein Traum war immer, meine eigene kleine Welt zu kreieren. Das habe ich geschafft.

Welches sind die notwendigen Zutaten, um einen Traum in die Realität umzusetzen?

Tatendrang ist das Wichtigste. Was du machst oder machen willst, muss aus dir selber kommen.

Haben Sie sich bisher immer konkrete Ziele gesetzt oder hat Sie das Leben in die Gegenwart gespült?

Eine Mischung aus beidem. Ich habe lange Jahre das Gefühl gehabt, dass man Gelegenheiten sieht, sie dann nimmt, damit weitertreibt. Aber seitdem ich meine eigenen Sachen mache, muss ich ein bisschen konkreter werden und strategischer planen, sonst kann man keine Firma finanzieren. Du musst dich abhärten, um durchzukommen, und sensibel, offen und weich bleiben, um Sachen aufnehmen zu können. Nur so kommst du weiter.

Gibt es Träume, die noch auf Erfüllung warten?

Geld an sich hat keinen Wert, aber das Umsetzen von neuen Ideen ist mir sehr wichtig. Deshalb ist mein Traum, total viel Geld zu verdienen. Ich will noch so viel machen, und dafür brauche ich viel Geld. Der Weg ist das Ziel. Ankommen ist gar nicht die Sache, das wäre das Ende!

INTERVIEW: NADINE SIEGER

INFOS UNTER: WWW.UPANDCO.COM

Neue deutsche Modemagazine

Alles, was größer ist als Pocketformat und keinen Nutzwert hat, ist momentan verlegerisches Harakiri. Wegen anhaltender Anzeigenflaute und einer nur schwer kalkulierbaren Leserschaft verbannen die großen Verlagshäuser ihre Magazinkonzepte und Dummies lieber in die Schubladen, als sie mutig auf den Markt zu bringen.

Wann, wenn nicht jetzt, haben sich dagegen einige ambitionierte Blattmacher gesagt, ihre Ersparnisse zusammengekratzt und ihre eigenen Magazine auf den Markt gebracht: hochwertig, großformatig, teuer, voll gestopft mit tollen Bildern und überwiegend in Berlin gemacht. Mode und Lifestyle sind die großen Themen. Noch nie gelesene Reportagen, überraschende Porträts, Interviews und vor allen Dingen lange Fotostrecken. Magazine als Luxusgut – ein Konzept, das aufzugehen scheint. Das sind die Newcomer:

»ACHTUNG«

»Zeitschrift für Mode« steht im Untertitel. Und genau das ist »Achtung« auch: lange Modestrecken, Designerporträts, Modejournalismus nach angelsächsischem Vorbild. Sogar die Anzeigenkunden kommen ausschließlich aus der Branche. »Mode wird in Deutschland nicht beachtet«, findet Herausgeber und Chefredakteur Markus Ebner. Um das zu ändern, ist der 33-jährige frühere Fashion-Director des amerikanischen Männermode-Magazins »Details« von New York nach Berlin gezogen. Mittelfristig soll »Achtung« 50.000 Leser erreichen. »Achtung« ist nicht nur Pflichtlektüre für Fashionvictims, sondern auch ein Muss für alle, die sich professionell mit Mode beschäftigen.

»ACHTUNG« ERSCHEINT ZWEIMAL JÄHRLICH
UND KOSTET 8 EURO
WWW.ACHTUNG-MODE.COM

»DEUTSCH«

So provokant der Titel auch klingen mag, »Deutsch« ist voll gepackt mit internationalen Lifestylethemen. Die beiden Blattmacher, Ulrike Miebach und Timo Scherer, verstehen ihr Magazin als eine »gedruckte Galerie« für Mode, Kunst und Musik. »Deutsch« will ein Forum sein für ein neues deutsches Selbstbewusstsein. Und da scheint es nur passend, dass »Deutsch«-Testleser entschieden haben, dass sie ein schwarzhaariges Mädchen auf dem Cover der ersten Ausgabe sehen wollten. Neben langen Bildstrecken haben die »Deutsch«-Macher ausführliche Porträts von Modedesignern und Szenemenschen jede Menge Platz eingeräumt.

»DEUTSCH« ERSCHEINT ALLE DREI MONATE
UND KOSTET 5 EURO

»ZOO«

Lange hat der Niederländer Sandor Lubbe, ehemaliger »Dutch«-Herausgeber, die Idee in seinem Kopf herumgewälzt, eine Modezeitschrift in Berlin zu machen. Der kanadische Rockstar Bryan Adams gab ihm schließlich das nötige Geld dazu. Herausgekommen ist »Zoo« – eine Mischung aus Lifestyle und Fashion. Hochglänzende, lange Fotostrecken, lässige Interviews und Reportagen – ein Schmuckstück auf dem Couchtisch. »Zoo« ist ein Unisex-Magazin, gemacht für Männer und Frauen, die von der »Vogue« oder »GQ« gelangweilt sind. Der VIP-Faktor von »Zoo« ist hoch. Für die erste Ausgabe hat Bryan Adams Herbert Grönemeyer fotografiert, Courtney Love räkelt sich durchs Blatt, und Heike Makatsch spricht mit Perücke auf dem Kopf übers Haushalten.

»ZOO« ERSCHEINT ALLE DREI MONATE
UND KOSTET 4 EURO

»SLEEK«

»Die Zielgruppe sind Designer, Architekten, Grafiker, Stylisten und Fotografen. Oder Leute wie ich, die Bildbände einfach lieben«, sagt Lothar Eckstein über sein 220-Seiten-Magazin, das auf Deutsch »geschmeidig, glatt« heißt und genau so auch aussieht. Lange Bild- und Modestrecken von berühmten Fotografen wie Nan Goldin, Biennale-Star Santiago Sierra oder Playboy Gunter Sachs, aufwändige Illustrationen, ein bisschen Kunst, Collagen und wenig Text. Das Besondere: Der Ex-Springer-Manager Eckstein gründete sein Magazin in Eigenregie. Selbst finanziert, ohne Büro und Angestellte. Heute ist »Sleek« eine Art virtuelles Netzwerk mit acht freien Mitarbeitern zwischen New York, Hamburg und Athen. »Wir haben ein Viertel der Kosten großer Konzerne«, sagt der 39-Jährige, der sich mit »Sleek« mitten in der Medienkrise einen Traum erfüllt hat: »Endlich selbstständig sein.«

»SLEEK« ERSCHEINT VIERMAL IM JAHR
UND KOSTET 9,50 EURO
WWW.SLEEKMAG.COM

»SQUINT«

»Squint« ist ein Hochglanzmagazin, das ohne viel Gerede auskommt. Hier und da spärlich eingesetzte Typografie, das ist auch schon alles, was »Squint« an Worten zu bieten hat. Dafür gibt´s umso mehr fürs Auge: lange Modestrecken, ästhetische Architekturfotos und hübsche Porträts von namhaften Fotografen wie Joachim Baldauf, Per Zennström und Magnus Reed. Die Herausgeberin und Art Direktorin Anita Mrusek widmet jedes Heft einem bestimmten Thema, zu dem sie dann so viel hochkarätiges Bildmaterial wie möglich sammelt und produziert. »Squint« ist ein gut gemachtes Fotomagazin. Perfekt, um sich inspirieren zu lassen.

TEXTE: EVA LEHNEN UND KERSTIN MOESER

»SQUINT« ERSCHEINT VIERTELJÄHRLICH
UND KOSTET 15 EURO
WWW.SQUINTMAGAZINE.COM

Der Kuschelrocker Bryan Adams über sein neues Magazin »Zoo«, Berlin und seine Qualitäten als Chef.

Eine neue Platte oder ein neues Magazin zu machen – was ist schwieriger?
Schwierig ist beides. Ein neues Album, das kann Jahre dauern. »Zoo« haben wir in einem Jahr gestemmt. Das war anstrengend, aber eine aufregende und sehr kreative Zeit.

Warum wird ein Rockstar Journalist?
Ich schreibe nicht, sondern bin Herausgeber. Die Idee für »Zoo« hatte der Niederländer Sandor Lubbe, der damals auch das Mode- und Fotomagazin »Dutch« erfunden hat.

Wie sind Sie zusammengekommen?
Ich habe Sandor bei einem Fotoshooting in Mailand getroffen. Ein Abendessen und ein paar Telefonate später war ich überzeugt, dass wir »Zoo« zusammen machen sollten. Und weil kein großes Verlagshaus mitmachen wollte, machen wir es jetzt eben auf eigene Faust.

Mit welchen Verlagen haben Sie geredet?
Mit einigen. Die sind im Augenblick aber alle sehr vorsichtig. Es ist doch oft so. Wenn jemand eine Idee hat, sagen immer erst alle, wie toll sie ist. Später dann rudern die meisten Schritt für Schritt wieder zurück. Aber ehrlich, wäre Sandor nicht, würde es »Zoo« auch in dieser Form nicht geben. Er hat den Löwenanteil der kreativen Arbeit erledigt.

Sie sind Kanadier, leben in London und geben jetzt in Berlin ein deutschsprachiges Magazin heraus ...
London hat einfach schon zu viele gut gemachte Magazine. In Deutschland ist der Markt noch nicht so voll.

Viele meinen, dass der Hauptstadt-Hype längst vorbei ist. Die Hochglanz-Hochburgen sind Hamburg und München.
Berlin ist die Stadt überhaupt, ein kreativer Tank. Hier tut sich eine Menge, das kann man überall in der Stadt spüren.

Das sehen auch einige andere Blattmacher so. Die haben auch, ganz ohne große Verlage im Rücken, ihre eigenen, neuen Magazine in der Hauptstadt gegründet ...
Ich habe davon gehört. Aber ehrlich gesagt, ich habe die Magazine nicht gelesen.

Macht es Spaß, Sie als Chef zu haben? Sie gelten als schwierig.
Warum?

Es heißt, Sie hätten das erste Layoutteam geschlossen gefeuert ...
Das hört sich jetzt aber viel schlimmer an, als es gewesen ist. Wenn kreative Menschen zusammenarbeiten, kommt es vor, dass man feststellt, dass man doch kein so tolles Team ist. Entweder es klappt oder nicht. Es ist nie einfach, etwas Neues anzufangen.

Lange Fotostrecken, Reportagen und Interviews – »Zoo« funktioniert so, und auf ähnliche Konzepte setzen auch die anderen Neuerscheinungen.
Na, dann wünsche ich den anderen einfach viel Glück dabei.

Sie stecken nicht nur Ihr Geld in »Zoo«, sondern Sie haben Herbert Grönemeyer und Heike Makatsch für die erste Ausgabe fotografiert. War es das mit dem Sänger Adams?
Keine Angst. Ich liebe Fotografie und mache das selber auch schon recht lange. Aber »Zoo« soll in erster Linie eine Plattform für deutsche Fotografen werden. Es gibt so viele tolle Leute hier.

INTERVIEW: EVA LEHNEN

BERUFE & BILDUNG

Riebesehl in
Büro in der
urger
-Zentrale

Asiatisches Flair in Hongkong, Shopping in London, Modemessen in Paris – und sie ist immer mittendrin: Lena Riebesehl. Gerade einmal 27 Jahre alt, jettet die Hamburgerin Jahr für Jahr gut zwei Monate um die Welt. Lena Riebesehl ist Einkäuferin bei »Otto« in Hamburg, verantwortlich für die Zielgruppe Teens. Sie muss die Trends aufspüren, die ein Jahr später bei den deutschen Mädchen von 8 bis 18 absolut angesagt sind. Jacken, Hosen, T-Shirts, auf die kein weiblicher Teenie zwischen Garmisch-Partenkirchen und Flensburg verzichten will. Für 28 Katalogseiten mit 150 Modellen ist sie verantwortlich. Ein Warenwert im zweistelligen Millionenbereich.

»Absolut kein Nine-to-five-Job«, warnt Lena Riebesehl und schüttelt energisch das kurze rote Haar. Während andere schon lange auf dem Nachhauseweg sind, brütet sie in ihrem Büro oft noch über Trends und Mustern, recherchiert, präsentiert, organisiert. Dazu all die Reisen: 100.000 Flugmeilen pro Jahr in Business und Economy Class – alles im Wettlauf mit dem Trend der Zukunft.

Und der muss aufgespürt werden. Aber wie? »Angeboren«, lacht die 27-Jährige selbstbewusst. »Das kann man nicht erlernen! Man braucht ein feines Gespür, muss überall seine Sensoren haben und natürlich auf die Strömungen in den Modestädten achten.« Eine Herausforderung, die manchmal irgendwo zwischen Wettervorhersage und Kaffeesatzlesen zu liegen scheint, denn Teenager können ohne jede Vorwarnung eine absolute In-Marke plötzlich mit »find ich doof« ablehnen.

Ohne solide Ausbildung geht es trotzdem nicht. Für Lena Riebesehl hieß das: von August 1996 bis Januar 1999 die Lehre zur Groß- und Außenhandelskauffrau bei »Otto«, von Dezember 2000 bis September 2001 der berufsbegleitende Studiengang »Mode- & Designmanagement« an der AMD Akademie Mode & Design. Am Anfang eines neuen Katalogs steht das Arbeitsgespräch in der Hamburger »Otto«-Zentrale. »Zuerst analysieren wir die abgelaufene Saison. Was war gut, wo müssen wir was ändern? Dann machen wir uns Gedanken über die neue Saison. Um die Trends aufzuspüren, wertet Riebesehl aufmerksam alle Medien aus, die als Trendsetter fungieren. »Ich bin beispielsweise Dauergucker bei MTV, denn Popstars beeinflussen die Teenies massiv.« »Bravo TV«, »Mädchen« oder »Popcorn« gehören ebenfalls zum Pflichtprogramm. Gespräche mit Jugendlichen sind unverzichtbar.

Sind die Arbeitsgespräche abgeschlossen, folgen Städtereisen. New York, Barcelona, London und Paris – zwei bis drei Wochen lang machen Lena Riebesehl und ihre Kollegen Jagd auf die wichtigsten Trendinfos. »Wir schauen, was die Menschen auf der Straße tragen, besuchen Modenschauen und gehen auf die wichtigen Messen.« Mit neuen Ideen und Notizen geht es dann zurück nach Hamburg. Zeit zum Durchatmen? Fehlanzeige! »Im Büro müssen wir mit allen gewonnenen Erkenntnissen unser Sortiment kreieren, und das dauert mehrere Wochen«, sagt Riebesehl. Dann folgt die mit Spannung erwartete Präsentation vor den Direk-

toren und Einkaufsleitern: Diskussionen, Meinungen, Änderungen.

Und was passiert, wenn »Otto« einen Trend verpasst? »Der kann dann immer noch in einen unserer Spezialkataloge aufgenommen werden, etwa in ›Teens & Kids‹«, erklärt Lena Riebesehl. »Manchmal aber sind wir mit den Trends auch zu früh.« Der Military Look war so ein Beispiel. Im Sommer als Trend erkannt und im Katalog angeboten, zündete er wider Erwarten nicht. Aktuell wurde er erst Monate später, als Otto ihn schon wieder gekippt hatte.

Ist die Kollektion beschlossen, fliegt Lena Riebesehl nach Fernost, zu den Lieferanten von »Otto«. Wieder zu Hause begutachtet sie dann die Muster, die der Lieferant nach ihren Angaben erstellt hat. Stimmen Materialien und Qualität? Welchen Preis verlangt der Hersteller? In fließendem Englisch kämpft sie unnachgiebig um den bestmöglichen Herstellungspreis. Der hängt natürlich von der Gesamtordermenge eines Artikels ab. Diese im Voraus zu bestimmen, ist gar nicht so einfach, denn woher soll Riebesehl wissen, wie der Artikel im Laufe der Saison von der jungen Zielgruppe akzeptiert und gekauft wird? Darin genau besteht ihr kaufmännisches Gespür.

Und während die Teens in diesen Tagen aufgeregt den aktuellen Katalog durchblättern, den neusten Trend bestellen, ist Lena Riebesehl mit ihren Gedanken bereits beim Trend des nächsten Jahres.

TEXT: PHILIP ALSEN

AUSBILDUNG UND DAUER >
Die FH Reutlingen bietet einen Bachelor- und einen Master-Studiengang Textiltechnologie/ Textilmanagement an. An der FH Hamburg startet in jedem Sommer der Studiengang Bekleidungstechnik. Die FH Niederrhein bietet den Studiengang Textiltechnik mit Schwerpunkt Textilmanagement an. Studenten an der AMD in Hamburg, Düsseldorf und München beginnen ihr Studium zum Mode- und Designmanager jeweils im Oktober.

ZUGANGSVORAUSSETZUNGEN >
Fachhochschulreife oder Abitur sind Pflicht, teilweise wird auch eine Berufsausbildung im Einzel- oder Textilhandel oder in einem kaufmännischen Beruf verlangt. Wer sich für eine Ausbildung zum Modeeinkäufer interessiert, sollte sich frühzeitig informieren. Teilweise verlangen die Hochschulen den Nachweis von Fachpraktika zu Studienbeginn.

INDIVIDUELLE BEGABUNG >
Modeeinkäufer sind Teamplayer und Trendscouts, Analytiker und Strategen. Einkäufer müssen kreativ denken, mit Zahlen jonglieren können, Lust auf Marketing und Management haben. Fließendes Englisch ist Pflicht. Einkäufer sind viel unterwegs, besuchen Messen, Produktionsstätten und Händler. Einkäufer haben nie Feierabend. Abends an der Bar oder im Konzert – Einkäufer schauen immer und überall nach Trends.

BESCHÄFTIGUNGS-MÖGLICHKEITEN >
Einkäufer arbeiten in Industrie und Handel. In großen Häusern gibt es Einkäufer für verschiedene Segmente: Wäsche, Damen- oder Herrenmode, Jugendliches und Sportliches.

LITERATUR UND FACHZEITSCHRIFTEN >
»Mode und Textil – Berufe mit Zukunft«, Christiane Reuter, Eichborn Verlag

»Erfolgreiches Beziehungsmarketing in der textilen Kette«, Petra Knecht und Stefan Mecheels, Deutscher Fachverlag

»Textilwirtschaft«, www.twnetwork.de

ADRESSEN UND LINKS >
AMD Akademie
Mode & Design
Wendenstr. 35c
20097 Hamburg
Tel. 040/237878-0
Düsseldorf: Tel. 0211/386260
München: Tel. 089/3866780
www.amdnet.de

Fachhochschule Reutlingen
Alteburgstr. 150
72762 Reutlingen
Tel. 07121/271-0
www.tb.fh-reutlingen.de

Hochschule für angewandte Wissenschaft Hamburg
Fachbereich Gestaltung
Armgartstr. 24
22087 Hamburg
Tel. 040/428750
www.haw-hamburg.de

Fachhochschule Niederrhein
Reinarzstr. 49
47805 Krefeld
Tel. 0211/822622
www.hs-niederrhein.de

Quer über den großen Ateliertisch liegen Entwurfsskizzen verstreut: Die Pläne für einen großen Abenteuerfilm. Mit gerunzelter Stirn sieht Gewandmeister Jürgen Lorig noch einmal die Aufzeichnungen durch. Er arbeitet bereits seit 27 Jahren in den Babelsberger Kostümwerkstätten und weiß genau, worauf er bei der Zusammenarbeit mit den Kostümbildnern und ihren Entwürfen achten muss. Würden zu dieser Korsage nicht besser Haken und Ösen passen als die vorgesehene Schnürung? Ist ein marinefarbenes Revers nicht zu aufgesetzt für den Charakter der Figur? Und kommen wir mit unseren Kosten diesmal überhaupt hin? Bis ins kleinste Detail wird diskutiert.

Als Gewandmeister muss Lorig dafür sorgen, dass auf Grundlage der Kostümbildner-Entwürfe tatsächlich Kleidungsstücke entstehen. Er muss die Skizzen derart interpretieren und in ein Kostüm umsetzen, dass dieses der szenischen Figur gerecht wird – aber auch den Absichten des Regisseurs und dem Schauspieler, der es tragen soll. Aber wer für Theater und Oper, Musicals, Film und Fernsehen Kostüme herstellt, der »ist sowieso ein Allround-Talent«, meint Lorig.

Einerseits muss ein Gewandmeister handwerklich-künstlerisch begabt sein: Er beherrscht moderne und historische Produktionstechniken und besitzt ein Gespür für die Auswahl des richtigen Schnitts und Materials. Andererseits braucht er Organisationstalent – denn bei jeder Kostümausstattung für eine Filmszene muss er darauf achten, dass die vorgegebenen Termine und die veranschlagten Etats eingehalten werden.

Der Gewandmeister leitet die Kostümwerkstatt, in der je nach Größe des Hauses auch Kostümschneider, Schuhmacher, Handschuh- und Hutmacher arbeiten. In vielen Fällen leitet er gleichzeitig auch den Kostümfundus und ist damit für einen reibungslosen Ablauf in der Garderobe zuständig: für die Bereitstellung der Kostüme in einer Szene etwa, gegebenenfalls für Hilfe beim Ankleiden und für die Kontrolle der Kostüme nach einer Szene. Darüber hinaus koordiniert er die Zusammenarbeit zwischen Gast-Kostümbildnern und der hauseigenen Schneiderei.

Für den Abenteuerfilm wird Lorig noch einige Tage mit den Kostümbildnern beraten, Entwurfsskizzen überarbeiten und offen gebliebene Details wie Verschlüsse, Verzierungen und Accessoires ergänzen. Die komplettierten Entwürfe werden dann in Schnittzeichnungen umgesetzt. Unter Umständen können auch vorhandene Schnitte, leicht abgeändert, verwendet werden. In Zusammenarbeit mit den Kostümbildnern entscheidet Lorig schließlich, welche Stoffe, Accessoires und Hilfsmittel er noch beschaffen muss. Für moderne Inszenierungen am Theater müssen auch schon mal Bekleidungsgeschäfte und Secondhand-Läden durchstöbert werden, bis die passende Garderobe zusammengestellt ist. Aber häufig findet der Gewandmeister das Gesuchte auch im eigenen Fundus – leicht umgearbeitet können viele Kostüme wieder in neue Produktionen übernom-

men werden. Sind alle Materialien beschafft und die letzten Fragen zur Schnittführung geklärt, kann die Produktion der Kostüme beginnen. Lorig überwacht jetzt die Einhaltung des Zeitplans und kontrolliert die Arbeitsergebnisse. Und schließlich kann er die Darsteller zur Anprobe einladen – ein spannender Moment. Immer wieder markiert Lorig die neuen Kostüm- und Schulterlinien, steckt Ärmel- und Saumlängen ab, während sich die Schauspieler zufrieden im Spiegel betrachten. Er zeigt den Künstlern auch, wie komplizierte Gewänder anzulegen sind oder Hüte, Tücher und Stolen getragen werden sollten.

Sind die Kleidungsstücke fertig, findet die Kostümprobe in der Dekoration statt. Erst jetzt, im Zusammenspiel mit den Farben des Bühnenbildes und der Szenenbeleuchtung, entfalten die Kostüme ihre magische Wirkung. Nun zeigt sich aber auch, wo noch Änderungen notwendig sind. Wegen der engen Termine muss die Schneiderei oft unter starkem Zeitdruck arbeiten. Wenn aber die erste Klappe fällt oder sich der Vorhang zur Premiere hebt, haben Gewandmeister und Schneider die Hauptarbeit hinter sich.

TEXT: AMD

AUSBILDUNG UND DAUER >
In Deutschland gibt es zwei Ausbildungsstätten:
Die Anna-Siemens-Schule in Hamburg und die Hochschule für Bildende Künste in Dresden.

ZUGANGSVORAUSSETZUNGEN >
Mittlere Reife oder ein gleichwertiger bzw. höherer Abschluss. Außerdem ein Gesellenbrief als Damen- oder Herrenschneider oder ein Facharbeiterbrief der Bekleidungsindustrie. Ferner wird eine Bescheinigung verlangt, dass man nach der Ausbildung als Geselle oder Theaterschneider gearbeitet hat; mindestens ein Jahr davon muss in einer Theater- oder Kostümwerkstatt absolviert worden sein.

INDIVIDUELLE BEGABUNG >
Die Qualifikation eines kompetenten Gewandmeisters hängt von drei Faktoren ab: dem überdurchschnittlichen handwerklichen Geschick, dem Sinn für das inhaltlich-künstlerische Umfeld und der Fähigkeit zur Organisation und Koordination innerhalb der sachlichen und personellen Rahmenbedingungen.

WEITERBILDUNG >
Teilnahme an Weiterbildungs- bzw. Spezialisierungslehrgängen in Form von Seminaren oder Tagungen, zum Beispiel über Kollektion- und Modellwesen, EDV in der Textil- und Bekleidungsindustrie, Mitarbeiterführung, betriebliches Aus- und Fortbildungswesen, Betriebswirtschaft, Finanz- und Rechnungswesen.

BESCHÄFTIGUNGS-MÖGLICHKEITEN >
Vor allem im Theater/Musiktheater, in großen Wander- und Tourneeorchestern, in Film- und Fernsehstudios. Bei Oper und Musical sowie im Kostümverleih.

ADRESSEN UND LINKS >
Hochschule für Bildende Künste Dresden
Güntzstr. 34
01307 Dresden
Tel. 0351/492670
www.hfbk-dresden.de

Anna-Siemens-Schule
Zeughausmarkt 32
20459 Hamburg
Tel. 040/34972191

Modeco – Schweizerische Fachschule für Mode und Gestaltung
Kreuzstr. 68
CH-8008 Zürich
Tel. 0041/1/2523323
www.modeco.ch

Deutscher Bühnenverein
Postfach 29 01 53
50523 Köln
Tel. 0221/208120

Montagmorgen, Sonnenaufgang auf einer Landstraße zwischen Hamburg und Hannover. Frisch geerntete Felder, idyllische Bauernhäuser und blökende Kuhherden ziehen am Autofenster vorbei. Conrad Hasselbach sieht zufrieden aus. Die Autobahn würde ihn schneller ans Ziel bringen. Aber er wählt seine Route bewusst aus – denn sein Büro ist die Straße. Conrad Hasselbach ist Handelsvertreter. Und als solcher kommt man viel herum. Fragt man ihn nach den Haupteigenschaften, die man als Vertreter mitbringen muss, nennt er: »Kontaktfreudigkeit, Offenheit, extreme Flexibilität, was die Arbeitszeiten anbelangt, und Organisationstalent. Habe ich alles – nur das Letzte nicht.« Trotzdem läuft sein Geschäft blendend.

Die Ladefläche des Mercedes Van ist voll gestapelt mit Musterkoffern. Gefüllt mit feinsten englischen Schuhen, schottischem Gepäck, klassischen Ledergürteln und Portemonnaies. »Gerade in den letzten Jahren ist das Bewusstsein für Qualität bei den Leuten enorm gewachsen. Die wollen keine Schuhe mehr, die nach einem halben Jahr auseinander fliegen. Bei Reisegepäck ist das genauso.« Wenn er die rückläufigen Zahlen der Textilwirtschaft liest, kann er nur lachen. Die Nische, die er besetzt – hohe Qualität zu vernünftigen Preisen –, beschert ihm locker ein Monatseinkommen von 2500 bis 4000 Euro. Dass er von seinem Warenangebot wirklich überzeugt ist, daran lässt er keine Zweifel. »Die Schuhe hier trage ich selbst schon seit sechs Jahren. Die Tasche ist noch älter.« Etwa ebenso lange ist er im Geschäft, mit ungebrochener Leidenschaft. Und genau das, so Hasselbach, ist das Erfolgsrezept eines Handelsvertreters: »Bist du selbst von deiner Ware überzeugt, kannst du auch andere begeistern.«

Angefangen hat alles mit einer Klassenreise nach London, bei der er sich zum ersten Mal mit britischen Oberhemden ausgestattet hat. Damals haben ihn seine Klassenkameraden ausgelacht. Heute kaufen sie bei ihm ein. Nach abgeschlossener Kaufmannslehre folgten weitere Trips auf die Insel, und der Kofferraum wurde von Reise zu Reise voller. Plötzlich wollten auch Freunde und Bekannte Schuhe mit original englischem Schnitt. Kurzerhand mutierte das Schlafzimmer seiner Wohnung zum Verkaufsraum. Den Versuch, nebenher noch BWL zu studieren, brach er nach zwei Semestern erfolglos ab. Zum Glück, wie er heute findet. »Das Studium hätte mir keine Sekunde bei meinem Job genutzt. Viel zu weit weg vom wahren Leben.«

Wer sich heute für die Laufbahn als Handelsvertreter interessiert, braucht eine abgeschlossene kaufmännische Lehre. Außerdem erfordert der Beruf ein hohes Maß an Mobilität. Die Hauptaufgabe des »Vertreters«, wie er umgangssprachlich genannt wird, besteht darin, zwischen Hersteller und Abnehmer zu vermitteln. Für diese Vermittlungstätigkeit erhält er eine Provision von seinem Vertragsunternehmen. Hasselbach hat sich nie Gedanken über Arbeitslosigkeit gemacht. Denn seine Doppelposition zwischen Produzent und Abnehmer wird im Textilbereich nie durch einen Computer ersetzt werden.

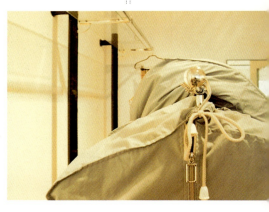

»Hier geht es um Emotionen, um Wissen, Überzeugungskraft und Geschmack. Das kann man nur im direkten Gespräch vermitteln«, sagt er. »Außerdem habe ich mich nie exklusiv an einen Produzenten gebunden. Da hätte ich zwar neben meiner Provision ein sicheres Fixgehalt bekommen, müsste aber immer dasselbe Paar Socken verkaufen. Und wenn der Hersteller irgendwann Pleite macht, stünde ich dumm da.«

Seinen Kundenstamm aus Einzelhändlern und großen Ketten hat sich Conrad Hasselbach selbst erarbeitet. Alle handverlesen. Sicherlich könne er auch an jeden anderen x-beliebigen Wiederverkäufer Waren abgeben. »Aber was nützt dem ein rahmengenähter Schuh aus bestem Rindsleder, wenn bei dem nur Oma Gretchen ihre Hauspantoffeln einkauft? Der bleibt auf seiner Ware sitzen, ist sauer und kauft nie wieder bei mir.« Genauso sorgfältig hat er auf seinen Reisen nach Großbritannien die für ihn richtigen Produktionsfirmen ausgesucht. »Viele der Waren sind in England zwar qualitativ sehr hochwertig, lassen sich aber durch den hohen Kurs des englischen Pfund in Deutschland nicht verkaufen. Kleinere Produktionsfirmen verstehen das und stellen sich, mit kleineren Produktmengen, flexibel darauf ein.«

An das manchmal skurril anmutende Geschäftsgebaren der Briten musste aber auch er sich erst gewöhnen. »Geschäftspartner hatten mir nach langer Suche in Südengland einen Betrieb für handgearbeitete Ledergürtel empfohlen«, erzählt er. »Nachdem ich mehrere Wochen niemanden telefonisch erreicht hatte, fuhr ich auf einer meiner nächsten Englandreisen direkt auf deren Hof. Es stellte sich heraus, dass der Betrieb aus dem 80-jährigen Inhaber allein bestand, und der war schwerhörig. Heute schicke ich meine Bestellungen per Post – ein Faxgerät hat er nämlich auch nicht.«

TEXT: CHRISTOPH TOPHINKE

AUSBILDUNG UND DAUER >
Für eine Laufbahn als Handelsvertreter braucht man eine abgeschlossene kaufmännische Lehre als Industriekaufmann, Bürokaufmann, Einzelhandelskaufmann oder Kaufmann im Groß- und Außenhandel. Gelernt wird im jeweiligen Betrieb und in der Berufsschule. Dauer: drei Jahre.

ZUGANGSVORAUSSETZUNGEN >
Voraussetzung für eine kaufmännische Lehre ist der Hauptschulabschluss. Als Handelsvertreter benötigt man zudem den Führerschein Klasse B.

INDIVIDUELLE BEGABUNG >
Kontaktfreudigkeit, Offenheit, Mobilität, Flexibilität und Organisationstalent.

WEITERBILDUNG >
Verschiedenste Möglichkeiten, wie z. B. Verkaufstraining, Beratung und Verkaufstechniken, Marketing, Werbung, Verkaufsförderung, Dekoration, Public Relations, Messe- und Veranstaltungswesen, Mitarbeiterführung, Teamarbeit, Teamführung, Vertrieb, Verkauf, EDV im kaufmännisch-betriebswirtschaftlichen Bereich, Rechtsfragen im Vertrieb.

BESCHÄFTIGUNGS-MÖGLICHKEITEN >
Als Handelsvertreter kann man sich exklusiv an einen Produkthersteller binden oder selbstständig für verschiedene Produzenten arbeiten.

LITERATUR UND FACHZEITSCHRIFTEN >
»Das neue Recht des Handelsvertreters«,
Wolfram Küstner,
Boorberg

»Das Recht der Handelsvertreter«,
Karin Stötter,
DTV-Beck

»Vom Vertreter zum Unternehmer«,
Roland Betz und Dieter Bromund,
Max Schimmel Verlag

ADRESSEN UND LINKS >
Zentralvereinigung Deutscher Wirtschaftsverbände für Handelsvermittlung und Vertrieb
Am Weidendamm 1A
10117 Berlin
Tel. 030/72625600
www.cdh.de

ver.di – Vereinte Dienstleistungsgewerkschaft e. V.
Potsdamer Platz 10
10117 Berlin
Tel. 030/7695 60
www.verdi-net.de

Beim Eintreten in Sigi Sandfuchs´ Hutatelier weht einem ein merkwürdiger Duft entgegen, eine Mischung aus süßem Parfum und Dachbodengeruch. Überall stapeln sich Hüte in allen Formen, Farben und Materialien. Sie sind auf kleinen Pappständern aufgereiht, zwischen sterilen Stahlregalen. Davor steht ein wuchtiger antiker Süßigkeitenspender, der mit goldenen Karamellbonbons gefüllt ist. In der Werkstatt herrscht kreatives Chaos: Hunderte verschiedener Hutstumpen – so nennt man die Rohform des Hutes – häufen sich im Regal. Auf dem Arbeitstisch liegt hingegen nur eine einzige Form aus Holz: die Grundform, auf die Hutdesignerin Sigi Sandfuchs jeden Stumpen spannt und einfache Materialien durch Wasser, Dampf und Hitze zu kleinen Kostbarkeiten formt.

Jeder Hutdesigner geht anders an die Fertigung seiner Hüte heran: Der eine zeichnet alles auf, der andere experimentiert wie Sandfuchs am aufgespannten Objekt. Sie nimmt sich die Freiheit und Zeit, einfach alles auszuprobieren. »Ich bin eine Hutmacherin mit einer eigenen Handschrift. Meine Hüte erkennt man«, sagt Sandfuchs stolz. Ihre Philosophie: »Das Gesicht ist das Wichtigste, und der Hut ist nur ein Accessoire oder vielmehr ein Schmuckstück, genauso wie ein Diadem. Der Hut bringt die Person zur Geltung.« Das wissen Sandfuchs´ Kundinnen zu schätzen: Seit 1976 arbeitet sie in ihrem kleinen Atelier in Hamburg-Eppendorf. Inzwischen ist sie eine lokale Berühmtheit – und weit über die Stadtgrenzen hinaus ein Begriff.

Gut behütet schickt sie Inge Meisel zu Filmfestivals und die Konsulin von Bolivien zu Adelshochzeiten. Sigi Sandfuchs hat ihre Karriere ganz klassisch mit einer Lehre zur Hutmacherin angefangen. Quereinsteiger haben es schwer – schließlich ist Fachwissen über Material und Fertigung unerlässlich. Die Ausbildung erfolgt überwiegend im Betrieb und an der Berufsschule. Drei Jahre lang wird geformt, gewalzt und Theorie gebüffelt. Filz, Stroh und Rohstumpen sind Arbeitsmaterial. Die Auszubildenden lernen, Hüte mit Wasserdampf und dem richtigen Druck in Form zu bringen. Sie zeichnen Zuschnitte und Schnittmuster – und erstellen letztlich mit Fingerspitzengefühl die edlen Accessoires.

Sigi Sandfuchs hat sich anschließend ihr eigenes Reich geschaffen, auf Umwegen und mit Unterstützung der Hamburger Prominenz. Denn in Deutschland müssen Selbstständige eigentlich einen Meistertitel vorweisen – und den hat Sandfuchs nie erworben. Überhaupt ist die Selbstständigkeit etwas für Wagemutige. Andere Hutmacher arbeiten lieber als Angestellte in Opern oder Schauspielhäusern, bei Film und Fernsehen in der Abteilung Kostüm/Hutmacherei oder auch in den Hutabteilungen von Designerhäusern. Sandfuchs ist sicher, dass ihr Handwerk auch künftig gefragt sein wird: »Immer wieder steht der Hut auf und zeigt sich auf den Laufstegen der Welt. Und solange es Haute Couture gibt, wird es auch noch Hüte geben.«

Reich wird man als Hutdesigner allerdings kaum. Bei Sandfuchs beginnen die Preise der aufwändig

gefertigten Einzelstücke bei 300 Euro. »Das Einkommen ist je nach Auftragslage unterschiedlich«, sagt sie. »Aber ich kann davon zufrieden und glücklich leben.« In deutschen Betrieben liegt das Anfangseinkommen bei etwa 1000 Euro netto. Allerdings genießen Hutmacher in Italien und England ein wesentlich höheres Ansehen. Dort gibt es nicht nur mehr Anlässe, Hüte zu tragen – sondern auch die Kunden sind offener für Neues. Im Rahmen der Europäischen Union sind auch in diesen Ländern Ausbildungen möglich – fließende Sprachkenntnisse vorausgesetzt.

Zur Arbeit des Hutmachers gehört es auch, aus Altem wieder Neues zu machen, die Hüte der Kunden aufzuarbeiten, zu putzen und ihnen zu neuem Glanz zu verhelfen. Dann gilt es wieder, eigene Modelle zu entwerfen und zu fertigen, zu beraten und zu verkaufen. Und egal, ob sich die Kreationen dann im eigenen Atelier oder im Kaufhausregal wiederfinden – dem Hutdesigner gehören die Köpfe der Welt.

TEXT: JULITA ZAREMBA

AUSBILDUNG UND DAUER >
Die offizielle Berufsbezeichnung lautet nicht Hutdesigner, sondern Hutmacher bzw. Modist. Ausgebildet wird in handwerklichen Werkstätten, Ateliers und in Entwurfs- oder Fertigungsabteilungen von Industriebetrieben. Dauer: ca. drei Jahre, eine Verkürzung auf zwei Jahre ist möglich.

ZUGANGSVORAUSSETZUNGEN >
Hauptschulabschluss.

INDIVIDUELLE BEGABUNG >
Interesse an Mode und Trends, zeichnerisches Können, Ideenreichtum, Vorliebe für verschiedene Materialien, Fingerfertigkeit und Kreativität. Im Industriebetrieb wird zum Teil mit Maschinen gearbeitet. Unempfindliche Haut ist nötig, da man Dämpfe und hohe Temperaturen vertragen muss.

WEITERBILDUNG >
Eine Spezialisierung ist möglich – um beispielsweise nur noch Puppenhüte anzufertigen. Hutmacher ist außerdem eine gute Grundlage für die Weiterbildung zum Kostümdesigner.

BESCHÄFTIGUNGS-MÖGLICHKEITEN >
Selbstständigkeit ist prinzipiell nur mit einem Meistertitel möglich. Arbeit als Angestellte/r ist möglich in Opern und Schauspielhäusern, in Hutabteilungen von Designhäusern, beim Fernsehen und Film in der Abteilung Kostüm/Hutmacherei oder in industriellen Betrieben im Kreativteam.

LITERATUR UND FACHZEITSCHRIFTEN >
»Modellhut. Journal für Damenhüte – Herrenhüte – Mützen – Accessoires«,
Neuer Merkur GmbH,
München

»Alternativen zu meinem Wunschberuf. Foto + Design + Kunst«,
BW Bildung und Wissen

»Atlas der kreativen Berufe Mode, Design und Kunst«,
Martin Massow,
Econ Taschenbuch

ADRESSEN UND LINKS >
Bundesverband
Bekleidungsindustrie e.V.
Mevissenstr. 15
50668 Köln
Tel. 0221/7744-0
www.bbi-online.de

Balke Fashion
Bauerland 19
28259 Bremen
Tel. 0421/576460
www.balke.de

Bundesverband für
Modistenhandwerk
Auf´m Tetelberg 7
40221 Düsseldorf
Tel. 0211/774413-0

Bundesverband Hut
und Mütze e.V.
Mevissenstr.15
50668 Köln
Tel. 0221/7744115

Textil- und Bekleidungs-
Berufsgenossenschaft (TBBG)
Oblatterwallstr. 18
86153 Augsburg
Tel. 0821/3159-0
www.textil-bg.de
www.bbi-online.de

KOSTÜMDESIGNER

Maschinengewehre rattern. Kommandos bellen durch die Luft. Durch den Schlamm robben Soldaten in Uniformen aus dem Dritten Reich. Man könnte glauben, die Zeit habe sich einfach um 60 Jahre zurückgedreht und sei mitten auf einem Schlachtfeld im Zweiten Weltkrieg stehen geblieben. Aber wir sind im Heute, auf dem Filmset von »Enemy of the Gates« – und dass diese Szene so täuschend echt aussieht, ist das Verdienst der Kostümdesignerin Janty Yates. Ihr Können hat sie bereits in dem aufwändig ausgestatteten Actionfilm »Gladiator« gezeigt.

Auch diesmal haben sie und ihr Team monatelang recherchiert, Bücher und Filme über die dreißiger und vierziger Jahre gesichtet, »Moodboards« geklebt und die Ergebnisse mit Maske, Bühnenbild, Produktionsleitung und Regie abgesprochen. Je näher der Drehbeginn rückte, desto größer wurde das Team um Janty Yates.

Sie haben Originaluniformen zusammengetragen, ganze Outfits neu genäht und Accessoires hergestellt. Auf Basis des Drehbuches wurden aufwändige Kostümlisten erstellt: Wer trägt in welcher Szene was, welche Kleidung wird in mehrfacher Ausführung benötigt, da sie eventuell in einer Mordszene zerrissen wird, was kann geliehen oder muss gekauft und genäht werden? Diese Listen halfen der Kostümdesignerin auch bei der Kalkulation von Arbeitsaufwand und Kosten und strukturierten die Aufgabenverteilung. Allein sechs Mitarbeiter waren beispielsweise damit beschäftigt, den Uniformen ein »benutztes« Aussehen zu geben – das heißt, sie wurden mit Steinen und Dreck bearbeitet. Nur so gelingt es, den Kinozuschauer später auf eine möglichst realistische Zeitreise mitzunehmen.

»Die Dreharbeiten waren enorm anstrengend«, erzählt Julia Neubauer, Assistentin der Chefkostümdesignerin. »Da jede Drehminute sehr viel Geld kostet, musste man mitunter 16 Stunden ununterbrochen am Set sein, um auf jeden Änderungswunsch eingehen und auf jedes Problem sofort reagieren zu können. Als Kostümdesignerin muss man vor allem eines sein: extrem flexibel und belastbar. Besonders in der heißen Phase muss der Kostümdesigner ständig bereit sein, umzudisponieren und professionell zu improvisieren. Geregelte Arbeitszeiten sind beim Film eher selten, je nach Drehbuch kann es Nachtszenen oder Wochenenddrehs geben. Für Kostümdesigner an Opern, Theatern oder Musicals hingegen ist die Arbeit meist mit der Premiere des Stückes getan, danach wird die Arbeit an Anziehhilfen und Requisiteure weitergegeben.

Neben all den Dingen, die man in einem Kostümdesignstudium lernt, sollte man von Haus aus einige Talente und Eigenschaften mitbringen: die Fähigkeit, sich in komplexe Themen einzuarbeiten, Organisationstalent, aber auch ein ausgeprägtes Form- und Farbgefühl. Wer Kostümdesigner werden will, sollte zunächst eine Bewerbungsmappe zusammenstellen. Die ist eines der wichtigsten Kriterien, um die Zulassung zum Studium an einer der zahlreichen Universitäten und Fachhochschulen zu

schaffen. Den genau geforderten Inhalt sollte man mit der jeweiligen Schule absprechen. Idealerweise aber zeigen die eingereichten Arbeiten die ganze kreative und künstlerische Bandbreite des Bewerbers. Ist die Aufnahme erst geschafft, lernt man in acht bis zehn Semestern Grundlagen wie Kostümgeschichte, Textiltechnologie, Design und Konzeptfindung. Das Grundstudium beinhaltet viel Theorie, erst nach dem vierten Semester kommen die Praxisbegeisterten auf ihre Kosten. In zahlreichen Projekten werden die gelernten Inhalte angewendet und ausprobiert. Aber der klassische Weg über ein Hochschulstudium ist nicht zwingend: Auch ein Quereinstieg nach einer Schneiderlehre ist möglich, zum Beispiel über ein Praktikum in einer Theaterschneiderwerkstatt. Generell sind Praktika eine gute Möglichkeit, um Kontakte für einen Berufseinstieg zu knüpfen, denn am Anfang stehen oft Jahre als Assistent, bevor man selbst die Kostüm- oder Ausstattungsleitung übernehmen darf.

TEXT: MARION SCHEITHAUER UND JUDITH UTZ

AUSBILDUNG UND DAUER >
Ein Kostümdesignstudium ist an Kunsthochschulen, Kunstakademien, Fachhochschulen, Fachschulen und Privatschulen möglich. Je nach Hochschulart dauert es acht bis zehn Semester.

ZUGANGSVORAUSSETZUNGEN >
Für ein Studium ist die Hochschulreife erforderlich. Quereinsteiger benötigen eine abgeschlossene Ausbildung im Schneiderhandwerk und langjährige Praxis bei Theater, Fernsehen oder Film.

INDIVIDUELLE BEGABUNG >
Spaß an kreativen Tätigkeiten, Interesse an Film, Theater und darstellender Kunst. Kenntnisse in Kunst- und Kostümgeschichte, handwerkliche Fähigkeiten, Flexibilität, Improvisationsgabe, organisatorisches Geschick, Belastbarkeit und Teamgeist.

WEITERBILDUNG >
Es gibt weiterbildende Seminare zu Textilgestaltung und Entwurf. Außerdem werden ein Ergänzungs- oder Aufbaustudium im Bereich Szenografie, bildende Kunst und visuelle Kommunikation angeboten.

BESCHÄFTIGUNGSMÖGLICHKEITEN >
In der Oper, im Ballett, an Schauspielhäusern, in Konzerthallen, bei Musicals, Varietés und Kleinkunstbühnen. Auch bei der Produktion von Kino-, TV- und Werbefilmen werden Kostümdesigner benötigt.

LITERATUR UND FACHZEITSCHRIFTEN >
»Costume im Detail: 1730 – 1930«,
Nancy Bradfield,
Eric Dobby Publishing Ltd.

»Geschichte des Kostüms. Die europäische Mode von den Anfängen bis zur Gegenwart«,
Erika Thiel,
Henschel Verlag

»Kostüm und Mode, das Bildhandbuch. Von den frühen Hochkulturen bis zur Gegenwart«,
John Peacock,
Paul Haupt

ADRESSEN UND LINKS >
Akademie der Bildenden Künste München
Akademiestr. 2
80779 München
Tel. 089/38520
www.adbk.mnh.de

Fachhochschule Hannover
Fachbereich Design und Medien
Herrenhäuser Str. 8
30419 Hannover
Tel. 0511/92962301
www.fh-hannover.de

Verband der Szenenbildner, Filmarchitekten und Kostümbildner in Europa e.V.
Bavariafilmplatz 7
82031 Geiselgasteig
Tel. 089/6493139
www.sfk-verband.de

Fachhochschule Bielefeld
Fachbereich Modedesign
Lampingstr. 3
33615 Bielefeld
Tel. 0521/1062485
www.fh-bielefeld.de

Hochschule für angewandte Wissenschaft Hamburg
Fachbereich Gestaltung
Armgartstr. 24
22087 Hamburg
Tel. 040/98838-24/-25
www.haw-hamburg.de

Staatliche Akademie der Bildenden Künste Stuttgart
Am Weissenhof 1
70191 Stuttgart
Tel. 0711/28440-0
www.abk-stuttgart.de

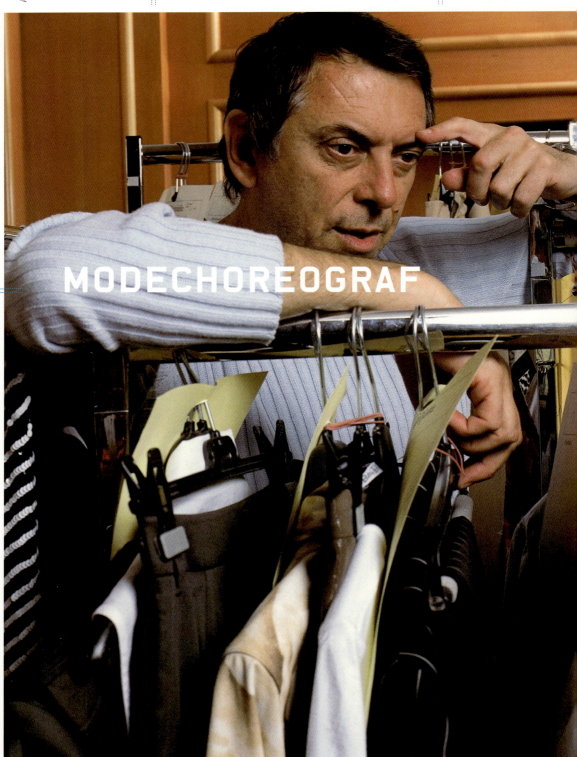

Wenn man hübsch ist und selbstbewusst, eine tolle Figur und lange Beine hat – wie schwer kann es dann sein, elegant über einen Laufsteg zu gehen? »Kommt drauf an, wie man sich anstellt«, sagt Kevin Oakes und schaut mit gerunzelter Stirn zu einem müde über den Catwalk schlurfenden Model: »Die jedenfalls macht gerade alles falsch! Kriegt die Füße nicht hoch, hat keinen Rhythmus, lässt die Schultern hängen ...« So etwas erträgt der knapp zwei Meter große Mann nicht: »Was soll das, Roselin?«, raunzt er sie an: »Exotisch aussehen alleine reicht nicht. Du musst deinen Hintern schon etwas im Takt schwingen!«

Oakes ist ein Antreiber. Einer, der Verständnis hat, aber keine Gnade kennt. Jemand, mit dem man in den Pausen Tränen lachen kann, der im Job aber keinen Fehler verzeiht. Er hasst Schlamperei, verlangt Engagement und will keine halben Sachen abliefern. Schließlich geht es hier ums Geschäft – und um seinen Ruf: »Die Branche ist heikel. Alle sind nett und lustig, aber wenn etwas nicht klappt, rollen Köpfe!«

Es ist kurz nach 7 Uhr. Der Tennisplatz am Hamburger Rothenbaum liegt im Morgentau. Heute Abend wird hier eine »Betty Barclay«-Show stattfinden. Die Firma sponsert das Turnier und hat den Südafrikaner Oakes engagiert, um sich selbst ins rechte Licht zu rücken.

Kein großer Job, aber doch ein Problem: Die Zeit für Proben ist knapp, die Models sind müde, und seine Auftraggeberinnen – die drei »Betty-Barclay-Damen« – erwarten trotz der frühen Stunde Show und Glamour. Zeit, die Mädchen ein wenig auf Trab zu bringen. Oakes wird laut: »Rennt hier nicht rum wie ein Haufen dressierter Zirkuspferde. Eure Ausstrahlung ist wichtig, also lächelt ...«

Die Models nehmen's gelassen. Sie wissen: Dieser Riese ist laut, oft schnoddrig und zynisch, aber niemals bösartig. Und schließlich ist es noch früh. Wer hat da schon Lust sich aufzuregen?

Oakes aber ist topfit. Vor kaum einer Stunde ist er auf dem Tenniscourt angekommen – und dort erst einmal mit dem Platzwart zusammengestoßen. Nein, sagte der Mann, auf keinen Fall könnten die Models mit ihren Straßenschuhen auf den Platz. Der Rasen, er müsse verstehen. Dies sei schließlich ein Weltklasseturnier.

Für Oakes gehören solche Probleme zum Alltag. Zehn Minuten später tauschen die Mädchen naserümpfend ihre »Gucci«- und »Prada«-Schuhe gegen gebrauchte Tennisschuhe. Oakes setzt ein breites Grinsen auf und schaltet sein Mikrofon ein: »Hello, everybody. What a bright, sunny day! Wir fangen jetzt an zu arbeiten.« Die gute Laune steckt an. In wenigen Sekunden haben alle ihre Positionen eingenommen. Die Musik fährt ab, bunte Lichter verwandeln den Court in eine Showbühne. Die »Barclay-Damen« wippen mit den Füßen, die Models laufen in Paaren und kleinen Gruppen vor und zurück, drehen gleichzeitig über die rechte Schulter. Oakes ist seit 17 Jahren im Geschäft. Er hat für »Versace« und »Paco Rabanne« gearbeitet, für

Modechoreograf
Kevin Oakes
bei der Arbeit

»Debeers« Diamantenshows inszeniert und 1997 rund 800 Models über den »längsten Laufsteg der Welt« in Berlin geschickt. Er kennt das Geschäft mit allen Höhen und Tiefen. Jede Show soll etwas Besonderes sein. Witz und Charme haben. Etwas, an das sich die Zuschauer noch lange erinnern.

Oakes sichtet die Kollektionen, sucht die schönsten Teile heraus und erstellt ein erstes Konzept. Bis die Show steht, vergehen Tage: stundenlange Besprechungen, immer wieder neue Scribbles, neue Ideen für Bühnenaufbau, Licht und Musik ... alles muss stimmen, Perfektionismus ist Teil seiner Überlebensstrategie. Und was braucht man sonst noch? »Geduld. Unendlich viel Geduld!«, stöhnt er. »Sie würden sich wundern, wie viele dieser hübschen Mädchen entweder nicht anständig laufen können oder dem Publikum mit sauertöpfischer Miene begegnen.« Ausstrahlung und Eleganz aber sind das Salz in der Suppe. »Wenn es sein muss, bin ich Beichtvater, Kindermädchen und Seelenklempner, ich motiviere und zeige, wie's besser geht!«

Vor allem aber ist er Selbstdarsteller. Die Branche verlangt das. Feiern gehört zum Geschäft. Denn auf den richtigen Partys lernt man die richtigen Leute kennen. Vor zwei Tagen war er in Schweden. Eine Show, mehrere Partys und wenig Schlaf. Lohn des Exzesses: »Wenn alles klappt, werde ich demnächst wahrscheinlich ein paar Schauen in Taiwan produzieren.«

Nach rund einer Stunde betritt der Platzwart den Court. Schluss mit der Probe. Argwöhnisch inspiziert der Mann den Rasen. Oakes leistet keinen Widerstand. Das Timing sitzt, die Show wird laufen. Die Musik des Finales ertönt, die Models lachen und winken, die »Barclay-Damen« sind begeistert. So muss es sein. Beruhigt packt der Choreograf seine Sachen. Seine Assistentin erledigt den Rest. Noch ein Küsschen hier, ein Küsschen da – und auf geht's wieder zum Flughafen.

TEXT: ROMY UEBEL

AUSBILDUNG UND DAUER >

Es gibt keine Ausbildung, keine Schule oder Universität, die Diplome speziell für Modechoreografen vergibt. Choreografie wird fernab vom Laufsteg an Ballettschulen und Tanzakademien unterrichtet. Modechoreografie ist ein typischer Learning-by-doing-Job. An der Ernst-Busch-Schule in Berlin wird zwar der Diplomstudiengang Choreografie angeboten. Die Palucca Schule für Tanz in Dresden hat ein Aufbaustudium Choreografie im Programm. Allerdings sind beide Studien nicht speziell auf Mode ausgerichtet.

ZUGANGSVORAUSSETZUNGEN >

Die Ernst-Busch Schule und die Palucca Schule suchen sich ihre Studenten in Auswahlverfahren aus. Das Beherrschen von Choreografie-Grundkenntnissen ist Pflicht. Die meisten Modechoreografen sind ausgebildete Tänzer, haben klassischen oder modernen Tanz gelernt. Modelerfahrung ist kein Muss, erleichtert jedoch den Job.

INDIVIDUELLE BEGABUNG >

Modechoreografen inszenieren Mode, bringen Musik und den Marsch auf dem Laufsteg in Einklang. Choreografen müssen die Kunst der perfekten Raumaufteilung beherrschen und ein Gespür für zeitgemäße Bewegungsformen haben. Und doch ist der Choreograf mehr als nur Künstler. Er muss organisieren können, Bühnenaufbau, Licht – für all das muss er Konzepte liefern. Außerdem muss er gut mit Models können, Menschenkenntnis haben, um die Bedürfnisse der Modemacher zu erkennen. Der Modechoreograf braucht Ehrgeiz, um jede Laufsteg-Performance in etwas noch nie da Gewesenes zu verwandeln.

LITERATUR UND FACHZEITSCHRIFTEN >

»Bewegung im Blick«,
Claudia Jeschke und
Hans-Peter Bayerdörfer

»Die Kunst, Tänze zu machen«,
Doris Humphrey

»Moderner Tanz,
Konzepte, Stile, Utopien«,
Sabine Huschka

ADRESSEN UND LINKS >

Ernst-Busch-Schule
Schnellerstr. 104
12439 Berlin
Tel. 030/639975-33
www.hfs-berlin.de

Palucca Schule Dresden
Hochschule für Tanz
Basteiplatz 4
01277 Dresden
Tel. 0351/25906-0
www.palucca-schule-dresden.de

Gerade hatte sie die Abschlussarbeit abgegeben, das Modedesign-Diplom war noch nicht ganz in der Tasche. Und doch stand Julia Ruhnke schon in ihrem eigenen, leeren Atelier. Sie hatte noch keine Entwürfe, keine Kollektion – aber den wohlklingenden Namen für ihr neues Label: »Queen for a Day«.

Über dem Eingang des weißen Giebelhäuschens hängt heute ein verschlungenes Paar Flügel: Julia Ruhnkes Markenzeichen. Es sind keine Engelsschwingen, sondern ein Königinnen-Diadem aus dem alten Griechenland. Der Showroom selbst ist zartrosa-schwarz gehalten; überall Kleiderständer, überall Stapel von T-Shirts. In nur drei Jahren hat sich »Queen for a day« zu einer exklusiven Designermarke entwickelt. Kleider und Accessoires gibt es in rund 50 handverlesenen Läden, von Düsseldorf bis Paris, von London bis New York und Tokio. Und natürlich hier, in der Hamburger Ulmenstraße.

Julia Ruhnke tritt selbst auf wie eine Königin: sehr selbstbewusst, sehr bestimmt. »Meine Sachen sind weiblich-cool, für extrovertierte Frauen, die wissen, was sie wollen«, sagt die 27-Jährige – also Mode für Frauen wie sie. Das gähnend leere Atelier von damals hat sie als Herausforderung empfunden. Sie ist auf Stoffmessen nach Mailand und Paris gefahren, hat angefangen zu zeichnen und zu tüfteln. Eigentlich wollte sie nur ein Dutzend Modelle entwerfen. Doch nach einem halben Jahr präsentierte sie auf der Düsseldorfer Wintermesse ihre Kollektion »Rockerelfen« mit gleich 40 Teilen. Vom zartblauen Cordanzug bis zu Seidenkleid und Lederschuppen-Hose – ein voller Erfolg.

Dass sie beruflich etwas Kreatives machen wollte, wusste Ruhnke schon immer. Zur Mode ist sie eher zufällig gekommen, zu Beginn ihres Studiums an der Hamburger AMD Akademie Mode & Design konnte sie nicht einmal nähen. Aber sie hatte ungewöhnliche Ideen und war ehrgeizig. Ein Vierteljahr schuftete sie als Praktikantin bei Vivienne Westwood in London. »Ein Knochenjob, aber super inspirierend. Mit tollen Stoffen und mit Schnitten, die du im Leben nicht hinkriegst.«

Die Umsetzung eigener Entwürfe war aber zunächst ernüchternd: »Du hast eine Vorstellung im Kopf, und dann stößt du dauernd an Grenzen. Mal findest du den richtigen Stoff nicht, mal kriegen die's in der Produktion nicht hin.« Außerdem müssen auch die schönsten Modelle anschließend in passende Geschäfte kommen. Den Vertrieb für die erste Kollektion hat eine Agentur übernommen, aber Ruhnke war mit der Auswahl der Läden nicht zufrieden. So hat sie die Geschicke ihres Labels selbst in die Hand genommen. Jetzt entwirft sie, überwacht die Produktion in der Türkei und Portugal und sorgt persönlich für ihren Kundenstamm. »Mir ist es wichtig, dass ich alles unter Kontrolle habe«, sagt sie.

Wenn Praktikanten bei »Queen for a day« beginnen, sind sie oft zunächst von der Arbeit der Designerin enttäuscht. »Als Selbstständige habe ich zu 80 Prozent Organisations- und Schreibtischarbeit«, seufzt Ruhnke. »Ich dachte anfangs auch, ich zeichne den

ganzen Tag Figurinen und zupfel an meiner Puppe herum.« Ideen für ihre Entwürfe kommen ihr oft, wenn sie schon Stoffmuster in den Händen hält. Dann erklärt sie der Direktrice, wie der Schnitt werden soll, und überwacht die Anproben. Seit ein paar Monaten allerdings hat sie sich von solch aufwändigen Konfektionsentwürfen verabschiedet. Stattdessen konzentriert sie sich auf die beliebten »Queen for a day«-T-Shirts, auf denen oft Swarovski-Steine blitzen. Sie entwirft legeren Freizeitlook. Und sie bietet eine ganze Reihe Accessoires, bunt glitzernden Schmuck, schlichte Mützen und natürlich ihre Taschenkollektion, die »army bags«.

Bei der Taschenproduktion legt Ruhnke persönlich Hand an – und verwandelt die schnöden mattgrünen Dinger aus dem Military-Shop in kleine Kunstwerke. Ruhnke bleicht sie mit einer Kollegin im Innenhof, färbt sie in Mutters Waschmaschine und verziert sie mit den edlen Swarovski-Glitzersteinen. »50 bis 100 Taschen machen wir sicher jede Woche«, sagt sie.

Ein bisschen bedauert sie es, dass sie sich nun auf die kommerziell lohnenden Artikel beschränkt. »Aber je handwerklicher du arbeitest, desto weniger verkaufst du nun mal«, sagt sie schulterzuckend. Ein erfolgreicher Designer muss wohl die Seele eines Künstlers haben – aber eben auch den Verstand eines Unternehmers.

TEXT: DELA KIENLE

Die Modedesignerin Julia Ruhnke im selbstentworfenen Top ihres Labels »Queen for a Day«

AUSBILDUNG UND DAUER >
Es gibt an Fachhochschulen, Kunsthochschulen und Universitäten Studiengänge zum Diplom-Designer mit acht bis zehn Semestern Regelstudienzeit. Außerdem bieten Berufsfachschulen und Berufskollegs die Ausbildung zum staatlich geprüften Modedesigner, in zweieinhalb bis vier Jahren.

ZUGANGSVORAUSSETZUNGEN >
Teils Realschulabschluss, teils Abitur oder Fachhochschulreife. Meist gibt es Auswahlverfahren mit Eignungsprüfungen, z. T. mit Vorlage einer Kunstmappe. Eine abgeschlossene Schneiderausbildung ist nützlich – und wird teilweise sogar vorausgesetzt.

INDIVIDUELLE BEGABUNG >
Gestalterische Fähigkeiten für das Zeichnen und Ausarbeiten von Entwürfen, ein Gefühl für Trends. Modedesigner brauchen aber auch Organisationstalent und kaufmännische Fähigkeiten – für die Koordination der Produktion und das Verhandeln mit Kunden, Einkäufern und Produzenten.

WEITERBILDUNG >
Seminare zu Themen wie CAD-Softwareanwendungen, Designmanagement, Kollektionierung.

BESCHÄFTIGUNGSMÖGLICHKEITEN >
In Entwurfs- oder Modellateliers bzw. in freien Designstudios. Manche Designer arbeiten auch als Moderedakteure, Stylisten oder Textileinkäufer.

LITERATUR UND FACHZEITSCHRIFTEN >
»Mode & Textil«,
Christine Reuter,
Eichborn

»Karrieren unter der Lupe: Kunst und Design«,
Ingo Butters,
Lexika

»Modedesign. Ein Handbuch und Karriereguide«,
Sue Jenkin Jones,
Stiebner

»Design – Wege zum Erfolg«,
Florian P. Fischer,
Westermann-Kommunikation

ADRESSEN UND LINKS >
VDMD Verband deutscher Mode- und Textildesigner e. V.
Semmelstr. 42
97070 Würzburg
Tel. 0931/52715
www.germandesign.de
www.modedesign.de

Allianz deutscher Designer e. V. (AGD)
Steinstr. 3
38100 Braunschweig
Tel. 0531/16757
www.agd.de

AMD Akademie Mode & Design
Wendenstr. 35c
20097 Hamburg
Tel. 040/237878-0
Düsseldorf
Tel. 0211/38626-0
München
Tel. 089/386678-0
www.amdnet.de

Kunsthochschule Berlin Weißensee
Bühringstr. 20
13086 Berlin
030/477050
www.kh-berlin.de

Schule für Mode Grafik Design
Bernardstr. 73
63067 Offenbach
Tel. 069/778592
www.schule-fuer-mgd.de

Hochschule für Angewandte Wissenschaften Hamburg
Fachbereich Gestaltung
Armgartstr. 24
22087 Hamburg
Tel. 040/428754637
www.haw-hamburg.de

Fachhochschule Trier
Fachbereich Modedesign
Schneidershof
54293 Trier
Tel. 0651/8103830
www.fh-trier.de

Universität der Künste Berlin
Hardenbergstr. 33
10587 Berlin
Tel. 030/31852015
www.udk-berlin.de

Hochschule für Künste Bremen
Fachbereich Bildende Kunst
Am Speicher XI Nr. 8
28217 Bremen
Tel. 0421/95951000
www.hfk-bremen.de

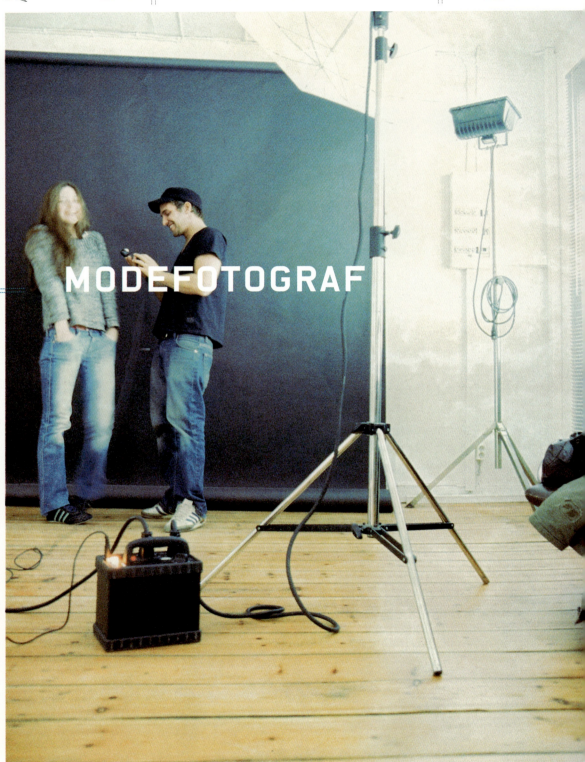

Hamburger Modefotograf Marcus Albert in einem Studio

Es war ein langer Tag für Marcus Albert. 120 Models hat der 29-Jährige heute gecastet, sie ins rechte Licht gerückt und abgedrückt. Immer wieder. Stundenlang. Nun räumt Albert noch die Reste des Tages zusammen, ordnet Kontaktbögen und Rechnungen, stapelt Mappen und Papiere auf seinem Schreibtisch.

»Ordnung musst du halten können in diesem Job. Sonst kannst du es gleich vergessen«, sagt Albert. Die Vor- und Nachbereitung, Model-, Locationsuche und die Feinabstimmung mit den Auftraggebern, Stylisten, den Make-up-Leuten verschlingt unglaublich viel Zeit. Mehr als jedes Shooting selbst. Seit drei Jahren arbeitet Albert als freier Fotograf, setzt vor allen Dingen Mode und Menschen in Szene. Mitten auf dem Hamburger Kiez, zwischen Nutten und St.-Pauli-Fans, lebt und arbeitet Albert in einem 100 qm Hinterhausloft.

Er bekommt Aufträge von Magazinen wie »Marie Claire« und »Allegra«, hat dem Schuhhaus »Görtz« zu mehr Hipness verholfen. Von »Peek & Cloppenburg« ist er gebucht worden, und die neue Kampagne der Ost-Zigarettenmarke »Cabinet« hat er auch fotografiert.

Marcus Albert ist gut im Geschäft, verdient Tagessätze zwischen 500 und 1600 Euro, wird von Artbuyern und Moderedakteuren angerufen und immer wieder weiterempfohlen. Mit seinen farbenfrohen, knackigen Fotos hat Albert sich einen Namen gemacht. »Ich glaube, dass ich ganz gut in der Bildkomposition bin«, sagt er von sich selbst. Doch ein guter Fotograf muss längst eine Menge mehr können, als tolle Fotos zu schießen. »Connections, Organisation und das Handling der Leute ist das, worauf es ankommt«, sagt Albert. Wie er dasitzt und spricht, offen, ohne Aufwärmphase, kann man sich gut vorstellen, dass er ein guter Netzwerker ist. »Nur in den Arsch kriechen darfst du den Leuten nicht. Das merken die sofort.«

Zwei bis drei Fotoproduktionen verantwortet Albert im Monat, braucht viel Zeit für sich, läuft durch die Stadt, trifft Freunde, saugt die Welt auf, um sie später auf Filmrollen zu packen. »Ich leiste es mir auch, Jobs abzusagen, wenn der Auftrag zu kommerziell ist oder die Bezahlung zu schlecht. Man muss Nein sagen können, damit die Leute einen respektieren, muss sich auch mal streiten können.« Für einen Versandhauskatalog, gute, aber nicht besonders kreative Arbeit, hat Albert noch nie fotografiert. »Gott sei Dank noch nicht.«

Vor ein paar Jahren noch hätte er nie daran geglaubt, dass es dermaßen rund laufen würde. Damals, als er seine Tischlerlehre in Frankfurt am Main beendet hatte, nach Hamburg zog und nicht so recht wusste, was er überhaupt wollte. Mit sich und seinem Leben. Albert war Koch und hat auf der Messe gebaut, war Runner beim Film und Model, bis er schließlich als Assistent für den Werbefotografen Giovanni Castell arbeiten durfte. »Das war eine Superzeit. Ich habe wahnsinnig viel gelernt, die richtigen Leute getroffen und nebenbei meine eigenen Sachen probiert.«

Wie alle anderen Fotografen hat Albert seine Arbeiten in Mappen gepackt, sich in Redaktionen und Agenturen vorgestellt, ist immer wieder hingegangen, hat nicht locker gelassen. Solange, bis der erste Auftrag kam. »Im Moment ist die Zeit, in den Job zu starten, natürlich nicht besonders toll«, sagt Albert. Die Experimentierfreudigkeit und der Mut der Auftraggeber haben nachgelassen. Alle verlassen sich lieber auf Altbewährtes, probieren lieber keine Anfänger aus. Schließlich geht es bei Mode- und anderen Fotoproduktionen immer um sehr viel Geld. Und das sitzt nirgendwo mehr locker. Trotzdem, wer will, kann auch jetzt eine Menge bewegen. Daran glaubt Albert fest. »Wir leben ja hier nicht im Dschungel. Wer zeigen will, was er kann, der hat doch alle Möglichkeiten dazu. Man muss halt immer am Ball bleiben.« Vom Glamour vergangener Zeiten ist in der Branche nicht viel übrig geblieben.
Neulich erst hatte Albert ein Shooting für eine Modestrecke mit dem deutschen Topmodel Eva Padberg. »Das war alles total easy«, erzählt er. »Zwar haben mich vorher viele gewarnt, dass die Padberg eine Zicke sei. Aber sie war total entspannt. Wahrscheinlich, weil ich einfach normal mit ihr geredet habe und keinen besonderen Rummel veranstaltet habe.«
Ein guter Arbeitstag. Das ist nicht immer so. Fotografen erledigen oft Knochenarbeit. »Du schwitzt, schrubbst dir Sand aus der Linse und schleppst schwere Akkus mit dir rum – manchmal kilometerweit«, sagt Albert. Wilde Nächte mit Models, Champagner ohne Ende – von wegen. Albert trinkt keinen Tropfen. »Das kann ich mir überhaupt nicht leisten. Ein kleiner Kater am nächsten Morgen, und schon bist du nur noch halb so gut im Job.« Albert will präsent sein. Jeden Tag, zu jeder Zeit, immer und überall. »Einzurosten, innen drin abzusterben, das ist das Schlimmste, was einem Fotografen passieren kann.«

TEXT: EVA LEHNEN

AUSBILDUNG UND DAUER >
Der Lette-Verein in Berlin bildet innerhalb von drei Jahren staatlich geprüfte Fotodesigner aus. Die FH Bielefeld bietet den Diplomstudiengang »Gestaltung« mit der Studienrichtung »Foto und Medien« an. Das Studium dauert acht Monate und endet mit dem Abschluss zum »Dipl. Designer (FH)«. An der Kunstakademie Düsseldorf werden Fotografen im Studiengang »Freie Kunst« ausgebildet, die Fachhochschule Dortmund lehrt Fotodesign.
Außerdem: Wer Glück hat und sich geduldig bewirbt, ergattert in der Regel eine Assistentenstelle bei einem Fotografen.

ZUGANGSVORAUSSETZUNGEN >
Fachhochschulreife oder Abitur sind Pflicht. Ausnahmen werden gemacht, wenn ein Bewerber ohne Schulabschluss seine hervorragenden künstlerischen Fähigkeiten nachweisen kann. Der Lette-Verein Berlin verlangt einen Realschulabschluss. Wer sich für eine Ausbildung zum Fotografen interessiert, braucht unbedingt eine eigene Mappe. Aufnahmeprüfungen vor Ausbildungsbeginn sind die Regel. Achtung, Bewerbungsfristen!

INDIVIDUELLE BEGABUNG >
Wie alle guten Fotografen muss auch ein Modefotograf die Fähigkeit haben, Motive zu erkennen. Ein Gefühl für Form, Farbe, Komposition und das entscheidende Bildmoment sind ein Muss. Flexibilität und körperliche Belastbarkeit fordert der Job. Wer sich für moderne Techniken wie digitale Fotografie und multimediale Bildbearbeitung begeistert, ist fit für die Zukunft.

BESCHÄFTIGUNGS- MÖGLICHKEITEN >
Modefotografen produzieren für Frauen-, Hochglanz- und Lifestylemagazine, setzen Mode in Szene für Werbekampagnen oder Kataloge. Die meisten Modefotografen arbeiten frei, kümmern sich selbst um Auftragsakquise oder lassen sich von einer Repräsentanz vertreten.

LITERATUR UND FACHZEITSCHRIFTEN >
»Modefotografie. Inszenierung, Motive, Beleuchtung«,
Alex Larg, Jane Wood, Laterna Magica

»Glamourfotografie. Die Inszenierung von Schönheit und Erotik«,
Alex Larg, Jane Wood, Laterna Magica

»Studienführer Kunst und Design«,
Michael Jung, Lexika Verlag

ADRESSEN UND LINKS >
Fachhochschule Bielefeld
Fachbereich Gestaltung
Lampingstr. 3
33615 Bielefeld
Tel. 0521/1067616
www.fh-bielefeld.de

Fachhochschule Dortmund
Sonnenstr. 96
44139 Dortmund
Tel. 0231/ 9112-245
www.fh-dortmund.de

Kunstakademie Düsseldorf
Eiskellerstr. 1
40213 Düsseldorf
Tel. 0211/13960
www.kunstakademie-duesseldorf.de

Lette-Verein
Viktoria-Luise-Platz 6
10777 Berlin
Tel. 030/219940
www.lette-verein.de

www.fotoinfo.de
Ausführliche Website mit vielen Links rund ums Fotografieren, Ausbildungsmöglichkeiten und Adressen.

www.berufsfotografen.com
Hier gibt es jede Menge Infos für Berufsanfänger.

Der Showroom von Network PR ähnelt einem schicken Designer-Shop: Dicht an dicht hängen die Jacken von »Tommy Hilfiger« und »DieselStyleLab«. Die Kleiderstange links biegt sich unter »Hugo Boss«-Anzügen. Rechts quetschen sich Kreationen von »Gucci« – und dazwischen sitzt Barbara Meyer und stellt ein Paket für die »Vogue« zusammen. In einer Modestrecke sollen die neuen Wintertrends präsentiert werden. Kein Problem: Die PR-Frau schickt passende Outfits in die Redaktion. »Wir sind die Schnittstelle zwischen Unternehmen und Medien«, erklärt die 27-Jährige. Es ist ein Geben und Nehmen: Die Zeitschriften brauchen die Designerstücke für ihre Modeproduktionen – und die Pressestellen wollen, dass ihre Marken präsent sind.

Barbara Meyer und ihre Kollegen schauen regelmäßig in den Redaktionen vorbei, plaudern mit den Journalisten, zeigen neue Produkte. »Es ist ganz entscheidend, die richtigen Leute zu kennen und mit ihnen in Kontakt zu bleiben«, sagt sie. Soll ein neues Produkt lanciert werden, schreibt sie Pressetexte und persönliche Anschreiben, stellt Mappen zusammen, sucht geeignetes Bildmaterial heraus. Und meist überlegen sich die PR-Leute noch eine kleine, originelle Besonderheit: »Um auf ein Parfum aufmerksam zu machen, haben wir zum Beispiel einmal Rosenblätter mit dem Duft besprüht und der Pressemappe beigelegt«, erzählt sie.

Der Lohn all dieser Anstrengungen: die »Clippings« am Monatsende. Da stellt Barbara Meyer alle Zeitschriftenausschnitte zusammen, in denen Produkte ihrer Kunden erwähnt werden. Hier zählt aber Klasse und nicht nur Masse: Network PR vertritt neben »Gucci«, »Boss« und »Hilfiger« unter anderem auch »DieselStyleLab«, »Escada Parfums« und »Xelibri« – sie alle möchten in Mode- und Lifestylemagazinen vertreten sein, die zu ihrem Image passen. Es ist Aufgabe ihrer PR-Agentur, die richtige Auswahl zu treffen und so die Corporate Identity der Firmen zu stärken.

Ähnliches Gespür verlangt das »Celebrity Dressing«: Vor großen Events wie der Goldenen Kamera fragen dutzende Stylisten bei Barbara Meyer an, ob ihre Stars ein Abendkleid leihen könnten. »Wenn Nadja Auermann dann Gucci trägt, ist das toll«, sagt sie. »Fragt ein Sternchen aus der Luder-Liga an, sagen wir: Nee, eher nicht.«

Manchmal lädt auch die PR-Agentur im Namen ihrer Kunden zu Events ein – bei besonderen Shoperöffnungen etwa, mit einer originellen Deko, Catering, DJ und Modepräsentation. 300 Gäste, meist Presse und VIPs, sollen ausgelassen feiern – Barbara Meyer und ihre Kollegen müssen dafür sorgen, dass alles klappt. »Nicht mal die Garderobenmarken darf man vergessen. Wer da den Überblick behalten will, braucht Organisationstalent.«

Tags darauf sind dann schon wieder andere Qualitäten gefragt: Keine Scheu vor Zahlen etwa, wenn's um Budgetkalkulationen geht. Fremdsprachenkenntnisse, weil viele große Designer ihre Hauptbüros im Ausland haben. Kreativität, um Konzepte zu kreieren, wie sich Produkte am besten platzieren

lassen. »Und es ist sicher nützlich, wenn PR-Leute schon einmal journalistisch gearbeitet haben, wenn sie gut schreiben können und wissen, wie die Redaktionen ticken«, sagt Meyer.

Sie selbst hat an der AMD Akademie Mode & Design in Hamburg Modejournalismus und Medienmarketing studiert. Bei Network PR ist sie durch ein Praktikum gelandet – der klassische Einstieg. Wer Talent zeigt, bekommt möglicherweise einen Platz als PR-Volontär. Die Ausbildung dauert ein bis zwei Jahre und wird meist auf ein abgeschlossenes Studium draufgesattelt: Meyers Kollegen haben beispielsweise Modedesign, BWL, aber auch geisteswissenschaftliche Fächer studiert. Quereinsteiger haben gute Chancen.

Barbara Meyer hat derweil alle Pakete zusammengestellt, telefoniert und neue Pressemappen verschickt. Feierabend, ausnahmsweise mal pünktlich. Fröhlich winkend verlässt sie das Büro. Und geht – natürlich Freunde treffen. »Eine PR-Frau, die nicht kontaktfreudig ist, hat eben ihren Beruf verfehlt«, sagt sie und lacht.

TEXT: DELA KIENLE

AUSBILDUNG UND DAUER >
Die Universität Leipzig und die FU Berlin bieten den Studienschwerpunkt PR – allerdings ohne Modebezug. Praxisnäher ist ein Volontariat direkt bei einer Mode-PR-Agentur; die Ausbildung dauert ein bis zwei Jahre. Praktika sind eine gute Möglichkeit, um Agenturen kennen zu lernen. Bei der Adressvermittlung hilft der DPRG.

ZUGANGSVORAUSSETZUNGEN >
Von Agentur zu Agentur unterschiedlich. Meist Abitur oder abgeschlossenes Studium, nicht unbedingt im Medien- oder Modebereich. Journalistische Erfahrung ist vorteilhaft.

INDIVIDUELLE BEGABUNG >
PR-Leute müssen kontaktfreudig und aufgeschlossen sein, modeinteressiert, und sie sollten ein Händchen fürs Schreiben haben. Gute Fremdsprachenkenntnisse sind wichtig, ebenso Organisationstalent.

WEITERBILDUNG >
Berufsbegleitende Kurse, z. B. bei der Akademie Führung und Kommunikation, dem Deutschen Institut für Public Relations oder dem PR Kolleg Berlin.

BESCHÄFTIGUNGSMÖGLICHKEITEN >
Als Angestellte in Agenturen, die bestimmte Marken vertreten. Oder in Textilfirmen in der Pressestelle, Bereich Produkt-PR. Mit genügend Erfahrung kann man sich selbstständig machen.

LITERATUR >
»Die PR- und Pressefibel. Zielgerichtete Medienarbeit. Ein Praxislehrbuch für Ein- und Aufsteiger«, Norbert Schulz-Bruhdoel, FAZ-Institut

»Arbeitsplatz PR. Einstieg, Berufsbilder, Perspektiven«, Bettina von Schlippe, Luchterhand

»Einstieg in die Public Relations«, Broschüre vom DPRG

»Medienhandbuch Hamburg« Verlag Kammerer & Unverzagt Josef Keller Verlag

»Pressetaschenbuch 2003/2004 Mode und Textil« KROLL-Verlagsgruppe

ADRESSEN UND LINKS >
Deutsche Public Relations Gesellschaft e.V. (DPRG)
St. Augustiner Str. 21
53225 Bonn
Tel. 0228/9739287
www.dprg.de

Freie Universität Berlin
Institut für Publizistik- und Kommunikationswissenschaft
Schwerpunkt Öffentlichkeitsarbeit
Malteser Str. 74-100
12249 Berlin
Tel. 030/7792820
www.kommwiss.fu-berlin.de

Universität Leipzig
Institut für Kommunikations- und Medienwissenschaft
Lehrstuhl Öffentlichkeitsarbeit/Public Relations und Organisationskommunikation
Augustusplatz 9/V
04109 Leipzig
Tel. 0341/9735730
www.uni-leipzig.de

AFK Akademie Führung und Kommunikation
Marbachweg 356
60320 Frankfurt am Main
Tel. 069/562068
www.afk-pr.de

Deutsches Institut für Public Relations e.V. (DIPR)
Hamburger Str. 125
22083 Hamburg
Tel. 040/20944505
www.dipr.de

PR Kolleg Berlin
Wallstr. 60
10179 Berlin
Tel. 030/27560329
www.prkolleg.com

www.pfoertnerloge.de
PR-Recherche-Portal

Der Presse-Lunch bei »Tommy Hilfiger« hat viel zu lange gedauert. Vor Janina Krinkes Büro in der Hamburger Speicherstadt wartet schon eine PR-Frau aus München mit einem Rollkoffer voller Trend-Turnschuhe und Kataloge für die Saison 2004. »Sorry, hier sieht es ein bisschen wüst aus«, sagt Janina, während sie die PR-Frau in ihr Büro bittet. Seit einahalb Jahren ist die 26-jährige Moderedakteurin bei der Frauenzeitschrift »Woman«. Kleiderkisten und Look-Books sind auf dem Teppich im Büro verteilt, auf ihrem Schreibtisch stapeln sich Einladungen, Anfragen und die internationalen Hochglanzmagazine.

Janina wechselt ein paar nette Worte mit der PR-Frau; das rot-weiße Turnschuhpaar gefällt ihr, vielleicht sind die was für die »Woman«-Leserinnen. Die PR-Frau macht ein Kreuzchen auf der Orderliste, empfiehlt dieses und jenes. Doch Janina weiß, was sie will und was für Schnitte, Farben und Preise für die »Woman« nicht in Frage kommen.

Schnell, aber hochkonzentriert blättert sie durch die Kataloge von »Qui« und der Berliner Designerin »Evelin Brandt«. So richtig was dabei ist nicht – danke und bis zum nächsten Mal. Die PR-Frau packt ihren Koffer wieder ein und rollt davon.

»Das ist sehr angenehm, wenn die PR-Leute in die Redaktion kommen. Das spart Zeit. So ein Presseevent wie vorhin bei »Hilfiger« ist zwar nett gemeint, es gibt lecker Essen, und man trifft viele Leute, letztlich verschlingt es aber viel zu viele Stunden«, erzählt Janina. Zeit, die sie nicht hat.

Wenig Leute in der Moderedaktion, viele Modeseiten, die produziert werden müssen, und außerdem steht gerade ein Saisonwechsel an. Stress ist eigentlich immer, und ein bisschen absurd ist es auch: Draußen in Hamburg wird es gerade Herbst, die Schiffe auf der Elbe verschwinden im Nebel, und drinnen im Büro dreht sich alles um die Bademode der kommenden Saison.

In ein paar Tagen fliegt Janina Krinke mit ihrem Team nach Mexiko. Zwanzig Koffer mit Requisiten müssen bis dahin noch gepackt und vom Zoll abgenommen werden. Außerdem müssen Polaroids geknipst werden, die in Mexiko vor Ort daran erinnern sollen, welche Stücke Janina miteinander kombinieren will.

Zehn Tage hat sie dann vor Ort Zeit, um sieben Modestrecken zu produzieren. Locations muss sie mit dem Fotografen noch suchen und darauf hoffen, dass alle Models pünktlich und gut gelaunt in Mexiko ankommen.

Man ahnt schon, dass sie gleich sagen wird, dass so eine Reise kein Vergnügen, sondern eine Ochsentour ist. »Wenn ich im Flieger sitze, bin ich eigentlich immer schon ziemlich erleichtert«, sagt sie. Der größte Berg Arbeit liegt dann hinter ihr. »Alle denken immer, dass die ganze Hin- und Herdüserei super ist: Tolle Strände, tolle Städte – in Wirklichkeit ist das aber tierisch anstrengend.« Gerade ist sie von der Modewoche in Mailand zurückgekommen.

Seit Sommer 2002 kümmert sie sich darum, dass in der »Women« nur Mode und Trends in Szene gesetzt

werden, die nicht zu teuer und auf jeden Fall tragbar sind. Lebhafte, lächelnde Models sind im Blatt gewünscht, bloß nicht zu abgehoben. Mode für dich und mich. Nutzwertig und nett anzuschauen. »Eine gute Moderedakteurin muss sich dem Blatt anpassen können. Da kann ein Kleid noch so toll aussehen – wenn es nicht maßgeschneidert für unsere Zielgruppe ist, kann es im Blatt auch nicht stattfinden«, sagt Janina.

Die »Woman« ist nun mal nicht die »Vogue«. Deshalb ist es manchmal auch schwierig, pünktlich zum Shooting von den Designern und Modeagenturen die gewünschten Stücke zu bekommen. »Meistens wollen alle Redaktionen zur gleichen Zeit den gleichen Bikini oder den gleichen Rock. Das ist oft ein ziemliches Hantier, bis man alle Sachen pünktlich zum Shooting beisammen hat.« Sie ist froh, dass sie Unterstützung von einer Assistentin und Praktikantinnen hat.

Denn nicht nur um Trends muss sich die Moderedakteurin kümmern, sondern auch um das Modelcasting. Jeden Montag findet ein »Go See« in den Redaktionsräumen an der Kehrwiederspitze statt. Janina entscheidet dann, wer bei der nächsten Fotoproduktion dabei sein darf.

Nach ihrem Abschluss in Modejournalismus an der Hamburger AMD Akademie Mode & Design hat sie beim »Journal für die Frau« assistiert und für die »Für Sie« gearbeitet, bevor sie bei Gruner & Jahr einen Vertrag bekommen hat. »Modemagazine haben mich schon als kleines Mädchen fasziniert«, erzählt sie. Einen anderen Berufswunsch hatte sie nie. Und wenn man Janina so anschaut, weiß man, dass ihr Mode Spaß macht. Sie trägt einen superkurzen Jeans-Mini, darunter eine blickdichte braune Strumpfhose, drüber ein Jackett in altrosa. »Wenn man selbst Lust auf Trends hat und einigermaßen stilsicher ist, dann ist das ein ganz toller Job. Man muss einfach nur die Ruhe bewahren und darf nicht hysterisch werden.«

TEXT: EVA LEHNEN

AUSBILDUNG UND DAUER >
Die AMD Akademie Mode & Design ist Deutschlands einzige Ausbildungsstätte, die den Studiengang »Modejournalismus« anbietet. 39 Monate dauert das Studium an der AMD. Auch wer ursprünglich Modedesign (s. Kasten Modedesigner) studiert hat, ist in den Moderedaktionen gefragt. Der klassische Weg in eine Redaktion führt über Mode-Assistenzen. Wer ein Faible für Mode und auch Talent zum Schreiben hat, sollte sich bei einer Journalistenschule bewerben.

ZUGANGSVORAUSSETZUNGEN >
Die AMD verlangt Abitur, Fachhochschulreife oder eine abgeschlossene Berufsausbildung. Außerdem muss ein Copytest bestanden und ein Bewerbungsgespräch gemeistert werden. Fachhochschulreife oder Abitur sind Pflicht, wenn man über ein Modedesignstudium an einer FH in den Modejournalismus will. Auch die wenigen Plätze an den Journalistenschulen sind sehr begehrt. Rein kommt nur, wer das Auswahlverfahren besteht. Die Ausbildung an den Journalistenschulen dauert eineinhalb bis zwei Jahre.

INDIVIDUELLE BEGABUNG >

Modejournalisten entscheiden maßgeblich über den Erfolg einer Kollektion. Sie müssen gut im Team arbeiten können, viel Organisationstalent und starke Nerven haben. Ihr Job ist es, nicht nur Trends zu erkennen, sondern auch ein Gespür für die visuelle Umsetzung zu haben. Moderedakteure erzählen Geschichten, müssen sich Konzepte für Fotostrecken ausdenken und stets im Blick haben, was sich international in der Modebranche tut. Flexibilität und Lust auf Reisen sind ein unbedingtes Muss.

BESCHÄFTIGUNGSMÖGLICHKEITEN >

Größter Arbeitgeber für Moderedakteure sind Mode- und Lifestylemagazine. Ob üppiger Hochglanz, Pocketformat oder Illustrierte – auch einige Tageszeitungen leisten sich Moderedakteure. Allerdings nicht, um lange Modestrecken zu produzieren, sondern um über Modemacher und Trends zu schreiben. Modejournalisten arbeiten auch als PR-Strategen für Modelabels und Designer.

LITERATUR UND FACHZEITSCHRIFTEN >

»Deutsch für Profis. Wege zu gutem Stil«, Wolf Schneider, Goldmann Verlag

»Einführung in den praktischen Journalismus«, Walther von La Roche, List

»Textilwirtschaft. Zeitschrift für Mode und Textil«, Deutscher Fachverlag, Erscheinungsweise: wöchentlich
www.twnetwork.de

ADRESSEN UND LINKS >

AMD Akademie
Mode & Design
Wendenstr. 35c
20097 Hamburg
Tel. 040/237878-0
Düsseldorf
Tel. 0211/38626-0
München
Tel. 089/386678-0
www.amdnet.de
Siehe auch:
Modedesign-Schulen

Henri-Nannen-Schule
Schaarsteinweg 14
20459 Hamburg
Tel. 040/3703-2376
Fax 040/3703-5698
www.hns.de

Deutsche Journalistenschule
Altheimer Eck 3
80331 München
Tel. 089/ 2355740
Fax 089/ 268733
www.djs-online.de

Axel-Springer-Schule
Axel-Springer-Str. 65
10888 Berlin
Tel. 030/25917-2801
Fax 030/25917-3048
www.axelspringer.de/journalistenschule

Burda Journalistenschule
Arabellastr. 23
81925 München
Tel. 089/ 9250-2496
Fax 089/ 9250-2484
www.burda-journalistenschule.de

LINKS >

WorthGlobalStyleNetwork
www.wgsn.com
Onlinerecherche, Trendanalysen und News für Modemenschen und -macher.

International Herald Tribune
www.iht.com
Die bekannte Modejournalistin Suzy Menkes berichtet über Neues aus der Modebranche.

Women´s Wear Daily
www.wwd.com
Weltweit einzige Tageszeitung aus New York, die ausschließlich über Mode berichtet.

www.style.com
Hier kann man sich über die neuesten Kollektionen und Trends informieren.

MODEZEICHNER

Hartnäckigkeit – das sei eins der Geheimnisse, um als Modezeichner Karriere zu machen, sagt Mariah Graham bestimmt. Sie muss es wissen: Schließlich arbeitet sie für die Großen der Modebranche, zu ihren Kunden zählen die »Vogue«, »New York Times« und »Women's Wear Daily«. Und zumindest den ersten Job hat sie ihrer Hartnäckigkeit zu verdanken: »Ich habe die Leute bei der ›New York Times‹ zwei Monate lang Woche für Woche belästigt«, erzählt sie. »Und jedes Mal hatte ich den gleichen Scherz parat: Wenn sie mich loswerden wollten, müssten sie mir einfach einen Job geben!« Frechheit siegt: Graham war immerhin die folgenden zwölf Jahre für die Illustrationen auf der »Style Page« zuständig – danach folgte die gleiche Aufgabe bei der »London Times«. Als die »New York Times« immer weniger Illustrationen verwendete, fing sie an, auch für die im September und März erscheinende Beilage »Fashion of the Times« zu zeichnen. Heute arbeitet Graham freiberuflich von ihrem viktorianischen Haus in Jeffersonville aus. Nebenbei unterrichtet sie zwei Tage pro Woche Illustration, Modezeichnen und Portfoliopräsentation an der Fordham University in New York.
Modezeichnen hat eine lange Tradition. Zu Beginn des 20. Jahrhunderts waren Magazine ohne Illustrationen undenkbar: Modezeichner interpretierten nach persönlichem Eindruck die neueste Haute Couture. In den Dreißigern setzten sich dann Fotografien als Ersatz für Stift und Tusche durch – Modezeichnungen verloren rapide an Bedeutung, auch wenn Magazine wie »Vogue« nie gänzlich auf sie verzichteten.
Heute erobert sich die Mode-Illustration ihren festen Platz in den renommiertesten Modezeitschriften zurück. Vorreiter sind die USA, deren Magazine immer mehr Zeichnungen in Auftrag geben. Auch der europäische Markt zieht nach. In Zeiten von Computeranimation und Bildbearbeitungsprogrammen ist das Stilrepertoire größer denn je: Es reicht von klassischen Zeichnungen bis zu innovativen Gestaltungen. Modezeichnungen sind inzwischen Kunst. Doch auch bei steigender Nachfrage können die wenigsten Modezeichner allein von Illustrationen für Magazine leben. Viele arbeiten deshalb mit Trendbüros zusammen. Da bei einem neuen Trend noch kein notwendiges Fotomaterial vorhanden ist, verlassen sich Trendforscher zunehmend auf die Fähigkeiten von Illustratoren: Die übersetzen Stimmung und Stil einer neuen Moderichtung in Zeichnungen. Diese werden später auch für Produktion und Verarbeitung verwendet – eine hohe künstlerische Herausforderung für die Modezeichner. Die meisten von ihnen arbeiten freiberuflich, so dass sie sich in beide Richtungen orientieren können.
Mariah Graham rät den Freiberuflern zudem, eine eigene Website zu erstellen; so sei sie an viele ihrer Kunden gelangt. Auch nach 33 Jahren als Modezeichnerin schwärmt sie von ihrer Arbeit: »Ich habe schon immer gerne gemalt und gezeichnet und wollte dies seit meiner Kindheit zu meinem Beruf

machen. Malen ist mein Lebensinhalt ... Ich wache damit auf und gehe damit ins Bett, immer mit dem Versuch, noch etwas zu ändern – mich weiterzuentwickeln.«

Inspirieren lässt sich Graham durch drei Künstler: Erté, den belgischen Art-déco-Künstler Alfons Mucha sowie Maxfield Parish, einen phantasievollen amerikanischen Illustrator und Künstler. Auch »Vogue«-Cover aus den zwanziger und dreißiger Jahren regen sie zu neuen Arbeiten an. Ihr gefällt diese ständige Herausforderung: »Die Modebewegung, die sich immerzu verändert, ist eine Kunstform für sich.«

Ihren Studenten sagt die energische Mariah Graham, dass sie Selbstbewusstsein entwickeln müssen: »Das Schlimmste, was passieren kann, ist, dass jemand ihre Arbeiten ablehnt – und ein Nein hat noch nie geschadet. Dieser Beruf ist nichts für zaghafte Menschen, und man sollte sich von niemandem entmutigen lassen! Wenn Türen vor mir verschlossen werden, suche ich nach einem offenen Fenster...«

Auch Christian Dior zitierte gerne ein ähnliches Sprichwort: »Wenn Gott eine Tür schließt, öffnet er ein Fenster.« Das macht auf jeden Fall Mut, denn auch ein Christian Dior hat mal klein angefangen: nämlich als Modezeichner.

TEXT: JULIANE BREUER

AUSBILDUNG UND DAUER >
Die meisten Modezeichner haben eine Ausbildung zum Modedesigner abgeschlossen und dann ein Aufbaustudium in Modezeichnen belegt. Es gibt nur wenige Schulen, die ausschließlich Kurse im Fachbereich Modezeichnen anbieten – zum Beispiel die Neue Kunstschule Zürich; die dortige Ausbildung zum Modezeichner läuft per Fernstudium und dauert in der Regel drei Jahre.

ZUGANGSVORAUSSETZUNGEN >
Beim Hochschulstudium Abitur; teils wird bei besonderen künstlerischen Fähigkeiten darauf verzichtet. Privaten Akademien genügt die Mittlere Reife oder ein vergleichbarer Abschluss.

INDIVIDUELLE BEGABUNG >
Das Wichtigste ist künstlerisches Talent. Dazu kommen die Vorliebe für Mode, das Gespür für Trends, Kontaktfreudigkeit, Selbstvertrauen und Organisationstalent.

WEITERBILDUNG >
Die schweizerische Textil-, Bekleidungs- und Modefachschule bietet Weiterbildungskurse im Bereich Mode und Gestaltung an. Die Hamburger Akademie JAK Modedesign bietet ein zweisemestriges Aufbaustudium »Mode-Illustration« für Grafiker, Illustratoren, Mode- und Textildesigner an.

BESCHÄFTIGUNGSMÖGLICHKEITEN >
Die meisten Modezeichner arbeiten freiberuflich und engagieren einen Agenten, der sich um Kontakte und Kommissionen kümmert. Illustratoren arbeiten für Zeitschriften, aber auch für Werbeagenturen, PR-Agenturen und Trendbüros.

LITERATUR UND FACHZEITSCHRIFTEN >
»Illustrationen der Mode. Internationale Modezeichner und ihre Arbeiten«,
Laird Borrelli,
Stiebner-Verlag

»form – Zeitschrift für Gestaltung«,
Birkhäuser Verlag,
www.form.de

ADRESSEN UND LINKS >
Schweizer Textilfachschule
Ebnaterstr. 5
CH-9630 Wattwil
Tel. 0041/71/9876840
St. Gallen:
Tel. 0041/71/2224368
Zürich: Tel. 0041/1/3604151
www.textilfachschule.ch

Neue Kunstschule Zürich
Fritz Aschwanden
Räffelstr. 11
CH-8045 Zürich
Tel. 0041/1/4635315
www.kunstschule.ch

Burg Giebichenstein
Hochschule für Kunst
und Design Halle
Postfach 200252
06003 Halle
Tel. 0345/775150
www.burg-halle.de

Akademie JAK
Modedesign
Friedrich-Ebert-Damm 311
22159 Hamburg
Tel. 040/6452941
www.jak.de

Galerie Bartsch & Chariau GmbH
Galeriestr. 2
80539 München
Tel. 089/295557
www.bartsch-chariau.de
Besitzt eine große Sammlung mit Werken der besten

Modezeichner des letzten Jahrhunderts, z. B. Lepape, Erté, Christian Bérard und Rene Gruau.

Grünblau blitzende Augen. Sommersprossen. Dunkle Locken, die sich im Nacken kringeln. Ayse Azizoglu ist Model, aber alles andere als ein perfekt-glatter Blondchen-Klon. »Ich bin schon immer etwas aus der Reihe getanzt«, sagt sie und hat damit seit Jahren Erfolg. »Stern«, »Marie Claire«, ein »Allegra«-Titel; mal verträumt, mal lachend, mal undurchschaubar-streng. Azizoglu hat ihr »Book« auf den Tisch gelegt – eine dicke blaue Mappe. In ihr stecken die besten Fotos, die sie bei Castings Redakteuren, Fotografen und Werbekunden zeigt.

Angefangen hat ihre Karriere kurz nach dem Abitur. Damals hat sie ein Jahr lang in Istanbul gearbeitet, als Praktikantin bei einem Fotografen. Um ihr kläglich es Gehalt aufzubessern, hat der sie zu einer Modelagentur geschickt. Der erste Auftrag war gleich ein Covershooting: Schüchtern lächelte Azizoglu vom Titelblatt einer türkischen Mädchenzeitschrift. »Das Bild finde ich heute furchtbar. Ich war unglaublich nervös«, seufzt sie. Aber sie kam gut an.

Zurück in Deutschland landete Azizoglu nach einigen Umwegen bei der Hamburger Agentur M4 – »die beste Agentur der Welt«, sagt sie. Ihre Booker dort machen für sie Castingtermine aus, organisieren ihre Reisen, kümmern sich um die Abwicklung der Rechnungen. Es sei enorm wichtig, eine Agentur zu finden, bei der man sich wohl fühlt, rät Azizoglu. Viele ihrer Booker haben vorher selbst als Models gearbeitet. »Die wissen einfach, wie der Job läuft. Wie anstrengend es sein kann, was von einem gefordert wird. Und sie sorgen dafür, dass ich gute Aufträge bekomme, sie schicken mich nicht zu allem hin, obwohl sie Provision kassieren.«

20 bis 25 Prozent der Gage geht an die Agenturen. Für Magazingeschichten bekommen Models rund 400 Euro am Tag, für Werbung und Kataloge problemlos das Vierfache. Nach oben gibt es (fast) keine Grenzen. Auch das Reisen scheint anfangs verführerisch, »wobei bis zu neun Flüge wöchentlich ziemlich anstrengend sind. Manchmal weiß ich gar nicht mehr, wo ich bin«, sagt Azizoglu. Athen, Kapstadt, Amsterdam und Barcelona: Sie hat dort schon so oft gearbeitet, dass sie sich fast zu Hause fühlt. Aber eben nur fast. »Viele Models leiden unter Einsamkeit, obwohl man immer von Leuten umgeben ist«, sagt sie. »Aber man bleibt höchstens einen Monat an einem Ort, Freundschaften sind oft oberflächlich. Und das Leben ist so unstet.«

Ihr Fluchtpunkt ist eine gemütliche Wohnung in Hamburg. Nach ihrem Einzug hat sie sich als Erstes einen ordentlichen Kleiderschrank gekauft: »Ich hatte das Leben aus dem Koffer so satt.« Neben dem Modeln macht sie eine Ausbildung zur Schauspielerin, singt und versucht sich im Drehbuchschreiben. Sie findet es wichtig, einen Ausgleich zu haben und sich im Idealfall eine berufliche Alternative aufzubauen. Denn das Business ist gnadenlos, Anfang 30 ist für die meisten Mädels Schluss. Allerdings haben sie dann schon eine lange Karriere hinter sich: Viele beginnen mit 15 oder 16, oft parallel zur Schule.

Ein Patentrezept, um es auf Laufstege und Titelblätter zu schaffen, gibt es nicht. Ausstrahlung ist enorm wichtig, Disziplin und Selbstbewusstsein. »Die meisten Mädels werden wirklich von Scouts angesprochen«, sagt Azizoglu. »Ansonsten würde ich Fotos an die Agenturen schicken, ein Ganzkörperbild und ein Porträt. Wenn die Interesse haben, melden sie sich. Gute Booker erkennen das Potenzial auch anhand einfacher Fotos oder Polaroids.« Seriöse Agenturen sind bei der Bundesanstalt für Arbeit gemeldet oder auch bei VELMA, dem Verband lizensierter Fotomodelagenturen. Falls ominöse Modelschulen locken oder Agenturen viel Geld für Probefotos verlangen – Finger weg! »Eine seriöse Agentur finanziert so etwas eigentlich vor«, sagt Azizoglu. »Oder sie vermitteln einen Fotografen, der kostenlose Aufnahmen macht, weil auch er gerade Bilder für seine Mappe braucht. Das sind so genannte Free Tests.«

Letztlich hängt viel von Glück und Zufall ab – und von der Fähigkeit, an sich zu glauben. Noch zu Schulzeiten hatte eine Frankfurter Agentur Azizoglu vom Modeln abgeraten. »Das hat mich damals total verunsichert. Die haben gesagt, meine Nase sei ungeeignet«, erzählt sie und lacht. Als sie später mit »Cosmopolitan«- und »Marie Claire«-Bildern aus der Türkei zurückkehrte, fand die gleiche Agentur ihr Gesicht plötzlich schön und ausdrucksstark und übernahm Azizoglu begeistert in die Kartei.

TEXT: DELA KIENLE

AUSBILDUNG UND DAUER >

Es gibt keine offizielle Ausbildung. Vorsicht vor dubiosen, übertreuerten Modelschulen! Models werden entweder von Scouts angesprochen, oder sie bewerben sich direkt bei seriösen Agenturen, mit einem Porträtfoto, einem Ganzkörperfoto und einem Steckbrief mit den aktuellen Maßen.

ZUGANGSVORAUSSETZUNG >

Mädchen: Mindestgröße 1,75 m.
Auch kleinere Mädchen mit sehr hübschen Gesichtern haben eine Chance, z. B. für Kosmetikaufnahmen. Einstiegsalter: ab 14 Jahren (mit Einwilligung der Eltern).
Jungen: Mindestgröße 1,84 m, Einstiegsalter: ab 16 Jahren.

INDIVIDUELLE BEGABUNG >

Ausstrahlung, Selbstbewusstsein, Disziplin und Pünktlichkeit. Und dann wäre da natürlich das Aussehen, das gewisse Etwas ...

BESCHÄFTIGUNGSMÖGLICHKEITEN >

Je nach Größe, Aussehen und Vorlieben in der Werbung, in Katalogen und Medien. Models sind nicht angestellt, sondern selbstständig. In Deutschland müssen sie ein Gewerbe anmelden.

LITERATUR >

»Models. Vom Casting bis zum Catwalk«,
Iha von der Schulenburg, Rowohlt

»Look at me. Der Modelguide für Jungen und Mädchen«,
Heinrich Ellermann Verlag

»Jeder kann Modeln«,
Jochen Schneider,
Divers

ADRESSEN UND LINKS >

Modelwerk
Rothenbaumchaussee 1
20148 Hamburg
Tel. 040/447929
www.modelwerk.de

Model Management
Hartungstr. 5
20146 Hamburg
Tel. 040/4500885
www.model-management.de

Mega Models
Kaiser-Wilhelm-Str. 93
20355 Hamburg
Tel. 040/3552200
www.megamodelagency.de

Place Model Management
Barmbekerstr. 152
22299 Hamburg
Tel. 040/4607960
www.placemodels.de

m4 Models
Rothenbaumchaussee 79
20148 Hamburg
Tel. 040/413236-0
www.m4models.de

Louisa Models
Feldbrunnenstr. 24
20148 Hamburg
Tel. 040/441051
www.louisa-models.de

Most Wanted
Hohenzollernstr. 10
80801 München
Tel. 089/997286-0
www.mostwantedmodels.com

Munich Models
Karl-Theodor-Str. 18a
80803 München
Tel. 089/3413-36/-46
www.munich-models.de

Talents
Ohmstr. 5
80802 München
Tel. 089/38837730
www.talents-models.com

Power Model Management
Schwere-Reiter-Str. 35
80797 München
Tel. 089/32708860
www.power-modelagency.com

Viva Models
Hackescher Markt 3
10178 Berlin
www.vivamodels.com

VELMA – Verband lizensierter Fotomodellagenturen e. V.
c/o Rechtsanwalt
Dirk-R. Finkenrath
Herzog-Rudolf-Str. 3
80539 München
Tel. 089/2422646
www.modell.de/velma

134 | 184 BERUFE & BILDUNG :: MODELBOOKER AMD EDITION

MODELBOOKER

Telefone klingeln, Faxgeräte surren, Stimmen schwirren durch die Zimmer – in der stuckverzierten Hamburger Jugendstilvilla geht es laut und hektisch zu. Überall auf den Regalen: Fotos von schönen Mädchen mit ebenmäßigen Gesichtern und exotischen Namen. Sie alle stehen hier unter Vertrag bei der Modelagentur »Louisa Models«. Die Telefonhörer zwischen Kinn und Schulter geklemmt, kümmern sich fünf Booker um die Tagesabläufe von Models aus aller Welt. »Irgendwann wachsen uns die Hörer noch am Kopf fest«, lacht Chefbookerin Barbara Streitböger. Bis 10 Uhr setzen sie und ihre Kollegen »Go-See-Termine« für die Models fest. Das sind Vorstellungstermine bei Redaktionen, Werbeagenturen und Fotografen. Gerade zu Beginn einer Karriere sind sie wichtig für die jungen Models. »Die Kunden möchten einen persönlichen Eindruck von den Mädchen bekommen, um die Wandlungsfähigkeit des Gesichtes einschätzen zu können«, sagt Streitböger.

Es klingelt. Eine Werbeagentur fordert Modelvorschläge für eine Bikiniproduktion in Südafrika an. Blond, Cup C bis D, romantischer Typ. Bitte bis heute Nachmittag. Streitböger durchsucht die Regale. »Hier treffe ich schon eine Vorauswahl. Es ist dabei wichtig, nur passende Mädchen vorzuschlagen. Gerade bei Wäscheaufnahmen ist das ein Problem. Ein Model mit dem richtigen Gesicht hat zu wenig Brust, und eine mit dem perfekten Busen hat Schwangerschaftsstreifen.« Also ist Organisationstalent gefragt. Ein Booker sollte gut koordinieren können, sicher am Telefon verhandeln und durchsetzungsfähig sein. Weitere Schlüsselqualifikationen? »Englisch ist unverzichtbar«, sagt Streitböger, »und jede weitere Fremdsprache ist von Vorteil, denn das Business ist international.« Es sind also Fähigkeiten gefragt, die sich nicht unbedingt im Studium erlernen lassen. Zwar existiert seit einigen Jahren eine Ausbildung zum »Kaufmann für Audiovisuelle Medien«, aber der gängigste Einstieg in die Branche ist ein Praktikum bei einer Agentur. Um die Plätze bewerben sich Quereinsteiger aus allen Branchen. Streitböger selbst hat früher als Sekretärin gearbeitet. Die Gehälter beginnen bei etwa 1500 Euro netto im Monat, aber nach oben ist einiges offen, je nach Erfahrung und Position.

Was in erster Linie zählt, sind Belastbarkeit und Talent zum Improvisieren. Wenn ein Fotograf anruft und ihm ein Mädchen nicht rassig genug erscheint, heißt es, schnell für adäquaten Ersatz sorgen. Ein Albtraum für jeden Booker – schließlich darf die Fotoproduktion nicht platzen. Zu viel Geld ist dabei im Spiel. »Wir vermitteln Menschen, da passiert einfach Unvorhergesehenes. Ob ein Mädchen auf Hawaii in einen Fluglotsenstreik gerät oder sich bei Fotoaufnahmen in isländischen Gebirgsschluchten den Fuß verstaucht – da ist es an uns Bookern, die Situation zu retten, nicht selten unter extremem Zeitdruck.«

Camilla, ein lettisches »New Face«, wie Anfänger-Models genannt werden, stürmt herein und fällt Streitbögers Kollegin Susanne um den Hals. Die

Bookerin hatte für sie am Morgen einen Kosmetik-Exklusivvertrag ausgehandelt. Die Stimmung ist gut, denn solch ein Vertrag ist für Booker und Model gleichermaßen ein persönlicher Erfolg: Immerhin 20 Prozent der Honorare gehen direkt auf das Konto der Agentur. »Solch ein Durchbruch ist nicht nur Zufall, sondern auch Konzept«, sagt Streitböger. »Wir beobachten die Karrieren der Mädchen sehr genau. Dabei müssen wir abwägen, welche Jobs zu welchem Zeitpunkt die richtigen sind.«

Um den Wert eines Models zu steigern, ist es manchmal notwendig, Aufträge aus taktischen Gründen abzulehnen – auch wenn sie finanziell reizvoll sind, können sie dem Image schaden. Das ist eine große Verantwortung und bedarf einer gehörigen Portion Fingerspitzengefühl. Die ist auch im täglichen Umgang mit den Models gefragt. Die Mädchen sind oft sehr jung, führen durch die Reisen ein unstetes Leben, und viele leiden unter Einsamkeit. Jeden Tag weint sich mindestens ein Mädchen telefonisch aus. »Ob Liebeskummer, brüllende Fotografen oder Zahnschmerzen, wir hören uns alles an.« Manchmal ist auch aktive Unterstützung nötig, wenn es zum Beispiel um das Organisieren einer Wohnung oder die Vermittlung eines Gynäkologen geht.

Wieder läutet das Telefon. Die Moderedakteurin einer Frauenzeitschrift fordert Bücher von rothaarigen Mädchen an. Streitböger stapelt eine Auswahl zusammen und bestellt einen Kurier. Das ist Alltagsgeschäft. Im nächsten Schritt wird die Redakteurin eine Option auf ein Mädchen nehmen und dann, im besten Falle, buchen.

Am Ende des Agenturtages steht das »Check-out«. Die Models rufen an und erzählen von ihren Jobs. Ein Kunde storniert noch eine »Wetter-Option« in St. Moritz: Gewünscht war Schnee, jetzt scheint die Sonne. Streitböger sagt dem gebuchten Mädchen ab – und legt zum letzten Mal für heute den Hörer auf.

TEXT: NORA PETEREIT

AUSBILDUNG UND DAUER >
Ausbildung zum »Kaufmann für Audiovisuelle Medien« in zwei bis drei Jahren. Gesetzlich ist keine spezielle Ausbildung vorgeschrieben – üblicher ist also der Quereinstieg über ein Praktikum in einer Modelagentur.

ZUGANGSVORAUSSETZUNGEN >
Hilfreich sind einschlägige Erfahrungen als Model, Modefotograf oder Modenschauen-Organisator. Für Quereinsteiger ist eine abgeschlossene Berufsausbildung in der Hotellerie oder im Bankwesen nützlich.

INDIVIDUELLE BEGABUNG >
Spaß an Kommunikation und Umgang mit Menschen, Organisationstalent, Belastbarkeit und eine gute Nase für Talente. Englisch fließend und möglichst weitere Fremdsprachenkenntnisse. Zudem muss man stressresistent und flexibel sein, Fingerspitzengefühl besitzen und improvisieren können.

BESCHÄFTIGUNGS- MÖGLICHKEITEN >
In deutschen und internationalen Modelagenturen.

LITERATUR >
»Models. Vom Casting bis zum Catwalk«, Iha von der Schulenburg, Rowohlt

ADRESSEN UND LINKS >
VELMA – Verband lizensierter Fotomodellagenturen e. V.
c/o Rechtsanwalt
Dr. Dirk-R. Finkenrath
Herzog-Rudolf-Str. 3
80539 München
Tel. 089/2422646
www.modell.de/velma

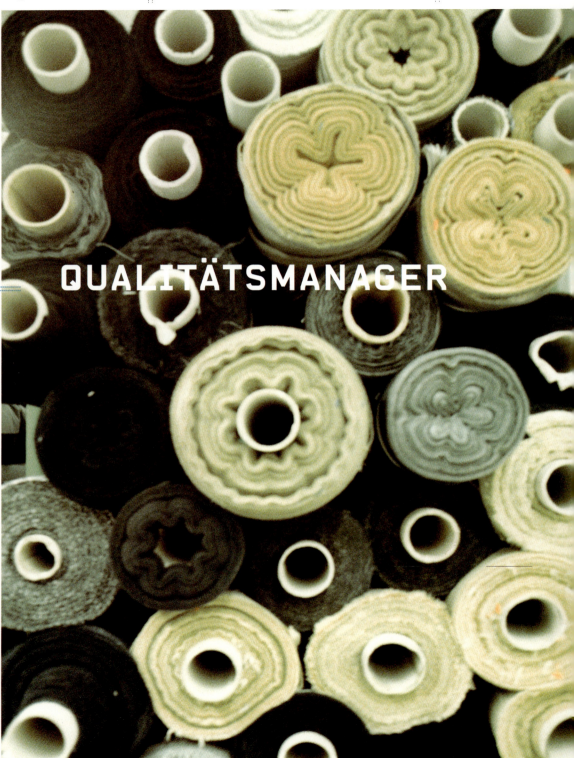

Kurz vor der holländischen Grenze: Helmut Kluge fährt mit seinem Kleintransporter zu einer der größten Färbereien Deutschlands. Er ist Qualitätsmanager bei einem renommierten Bekleidungsunternehmen – und vor Beginn jeder Kollektionserstellung unternimmt er einen pingelig-genauen Kontrollgang. Das minimiert spätere Rücklieferungen und die damit verbundenen Kosten. »Ständige Kontrollen sind immer besser als spätere Nachsicht«, sagt Kluge.

In den Fabrikhallen der Färberei tönt ihm ohrenbetäubender Lärm entgegen. Riesige Maschinen färben vollautomatisch tausende Meter Grundstoff in den gewünschten Tönen, in schrillem Orange oder zartem Pastellgrün. Kluges Ziel ist aber eine kleinere Halle, in der es deutlich stiller ist. Zahlreiche Warenstühle sind hier aufgestellt, vor denen sich Paletten mit vorbestellten Stoffballen stapeln. Ein Warenstuhl ist eine Maschine, die ganze Stoffballen in wenigen Minuten abwickeln kann. Diese werden dann über eine Ansichtsfläche geführt und anschließend an der anderen Seite wieder aufgewickelt. Kluge beginnt damit, Ballen für Ballen zu kontrollieren. Bei jedem Fehler, der ihm im Gewebe auffällt, stoppt er die Maschine und markiert die entsprechenden Stellen. Gleichzeitig trägt er die Mängel in eine Liste ein, um anschließend Fehlerstatistiken zu errechnen. »Einer der häufigsten Qualitätsmängel ist ein Farbunterschied gleicher Farbnummern. Oft ist das auf den ersten Blick gar nicht erkennbar«, erklärt Kluge.

Ein Qualitätsmanager wie Kluge muss sich auch bemühen, die Wirtschaftlichkeit innerhalb des Herstellungsprozesses zu steigern. Ein »Außentag« wie bei der Farbkontrolle macht nur einen kleinen Teil seiner Arbeit aus. Zur Qualitätssicherung gehört beispielsweise auch die so genannte »Warenschau«: Bei der Rohwarenschau prüft Kluge die Stoffe, die in der Weberei gesponnen wurden, auf festgelegte Qualitätsstandards. Nachdem die Rohgewebe mit speziellen Ausrüstungen (Behandlungen mit Chemikalien) versehen wurden, wiederholt sich dieser Prüfvorgang bei der so genannten Fertigwarenschau. Kluge prüft die Ware auf Belastbarkeit und testet, ob die angewandten Färbemethoden umweltverträglich sind; die Optimierung der Logistik zählt ebenfalls zu den Aufgaben des Qualitätsmanagers. Auf den Grundlagen dieser Prüfungsergebnisse werden Quoten im chemischen und optischen Bereich ermittelt. Diese Quoten sind wichtiger Bestandteil von Beurteilungskriterien für spätere Warenkontrollen. Diese Aufgabenbereiche gelten international: Da große Teile der Bekleidungsindustrie ihre Ware im Ausland fertigen lassen, sorgen Qualitätsmanager für sichere und fehlerfreie Produktionsabläufe.

Helmut Kluge ist als Quereinsteiger zu seinem Job gekommen. Die Aufgaben des Qualitätsmanagers waren immer mit anderen Berufsbereichen der Textilindustrie verwandt, und so gab es in der Vergangenheit kein spezifisches Studienangebot. Auch die meisten Kollegen von Kluge sind über andere

textiltechnische Berufe in diesen Bereich gelangt. Heute führen mehrere Wege zum Beruf des Qualitätsmanagers: Seit September 2001 bietet ein privater Bildungsträger im Rahmen der »s.Oliver Akademie« eine neue international ausgerichtete Ausbildung im Bereich Produktions- und Qualitätsmanagement an. Junge Berufseinsteiger, die allerdings eine abgeschlossene Ausbildung im Schneiderbereich vorweisen müssen, können sich dort im Rahmen einer zweijährigen Ausbildung spezialisieren. Ihr Stundenplan: Auslandsfertigung, Materialwirtschaft, Umweltmanagement, EDV und Qualitätstechniken. Die Berufschancen für Qualitätsmanager sind gut – schließlich muss sich die deutsche Textil- und Bekleidungsindustrie im internationalen Wettbewerb behaupten. Die Wettbewerbsfähigkeit hängt von der Produktivität, der Höhe der Herstellungskosten und vor allem auch von der Kundenzufriedenheit ab. All diese Aspekte stehen in Verbindung mit der gefertigten Qualität – also mit der Kontrolle von Helmut Kluge und seinen Kollegen.

TEXT: LESLEY SEVRIENS UND LARS KITTELMANN

AUSBILDUNG UND DAUER >
Seit September 2001 bietet ein privater Bildungsträger im Rahmen der »s.Oliver-Akademie« eine zweijährige, international ausgerichtete Ausbildung im Bereich Produktions- und Qualitätsmanagement an.
Als Quereinsteiger kann man auch eine Ausbildung zum Qualitätstechniker absolvieren und sich dann gezielt weiterbilden.

ZUGANGSVORAUSSETZUNGEN >
Für das Studium Hochschulreife sowie eine abgeschlossene Berufsausbildung im Schneiderbereich. Für die Ausbildung als Qualitätstechniker ist ein Hauptschulabschluss nötig.

INDIVIDUELLE BEGABUNG >
Gutes Auge, Genauigkeit, kaufmännisches Talent, Gespür für Farben und Muster. Da der Qualitätsmanager auch den kleinsten Fehler entdecken muss, sollte er sehr penibel und korrekt sein. Bereitschaft zu internationalem Einsatz.

WEITERBILDUNG >
Nach erfolgreich abgeschlossener Technikerprüfung bietet sich die Möglichkeit, durch Weiterbildungs- bzw. Spezialisierungslehrgänge in Form von Seminaren und Kursen in den Managementbereich vorzustoßen.

BESCHÄFTIGUNGSMÖGLICHKEITEN >
Überall, wo Stoffe hergestellt und auf ihre Qualität überprüft werden, also in Färbereien, Webereien, in Strickereien und in der Bekleidungs- und Textilindustrie allgemein.

LITERATUR >
»Was der Qualitätsmanager vom Recht wissen muss«,
Dirk Johannsen,
Tüv-Verlag

»Taschenbuch für die Textilindustrie«,
Walter Loy,
Schiele und Schön

ADRESSEN UND LINKS >
Universität Erlangen-Nürnberg
Lehrstuhl Qualitätsmanagement und Fertigungsmesstechnik
Nägelsbachstr. 25
91052 Erlangen
Tel. 09131/85-26521
www.uni-erlangen.de

»s.Oliver Akademie«
Bernd Freier GmbH & Co. KG
Ostring 11
97228 Rottendorf
Ansprechpartnerin:
Steffi Ullrich
Tel. 09302/309277
www.soliver.de

Otto-Johannsen-Technikum
Staatliche Textilfachschule und Berufskolleg
Alteburgstr. 150
72762 Reutlingen
Tel. 07121/271238
www.ojt.fh-reutlingen.de

AMD Akademie
Mode & Design
Ohmstr. 15
80802 München
Tel. 089/386678-0
www.amdnet.de

Textil- und Bekleidungs-Berufsgenossenschaft
Oblatterwallstr. 18
86153 Augsburg
Tel. 0821/3159-0
www.textil-bg.de

SCHNEIDER

Anprobe im Modeatelier von Gabriella Schön: Vorsichtig steckt die gelernte Schneidermeisterin die Nähte an der Taille der Kundin enger. »Vor zwei Jahren habe ich mein Atelier eröffnet – und nach anfänglichen Startschwierigkeiten kann ich heute sagen, dass es sich wirtschaftlich trägt«, sagt sie. Reich werde man in diesem Beruf allerdings nicht. »Aber Schneidern ist meine Leidenschaft. Aus dem Unsichtbaren mache ich Sichtbares: Ich gebe sozusagen dem Formlosen Gestalt. Das fertige Kleid und die zufriedene Kundin sind eigentlich mein größter Lohn.«

Schön hat den klassischen Ausbildungsweg einer Damenschneiderin hinter sich: Drei Jahre dauerte ihre Lehre in einem Betrieb und in der Berufsschule. Als fertige Gesellin arbeitete sie dann zwei Jahre im Theater und legte ihre Meisterprüfung ab. Schließlich wagte sie den Schritt in die Selbstständigkeit und eröffnete ihr Modeatelier.

Wer den Beruf des Schneiders erlernen möchte, kommt ums Zuschneiden, Nähen, Sticheln und Bügeln nicht herum. Die Voraussetzungen beschränken sich auf Haupt- und Realschulabschluss, manche machen die Ausbildung aber auch mit Abitur. Spricht man vom Schneidern, muss man zwischen Industrie und Handwerk differenzieren: Nach zwei Jahren erfolgreicher Lehre darf sich der Industrie-Auszubildende Modenäher nennen, nach einem weiteren Jahr Modeschneider. Im Handwerk heißen die Titel Herren-, Damen- oder Wäscheschneider. Der Unterschied? Der zeigt sich vor allem beim Blick auf den Kontoauszug: Ein Schneiderlehrling in einem Handwerksbetrieb verdient im ersten Jahr gerade mal 125 Euro pro Monat und im dritten Lehrjahr 350 Euro. Das Gehalt in der Industrie ist beinahe doppelt so hoch.

Egal, ob man sich für Industrie oder Handwerk entscheidet: Die Ausbildung verteilt sich im ersten Jahr auf drei Tage betriebliche Tätigkeit und einein-halb Tage Berufsschule. Anschließend reduziert sich der theoretische Unterricht auf acht Stunden pro Woche. Neben Farblehre und Textiltechnologie bekommt man einen Einblick in Gestaltung und Konstruktion. Dies ist das einzige Fach, in dem der Auszubildende selbst kreativ werden darf: vom Figurinenzeichnen übers Anfertigen, von Schnittkonstruktionen bis zur Herstellung eines Schnittes am Computer. Der kostümgeschichtliche Unterbau sensibilisiert für die Vielfalt der Kleidung sowie für die unterschwelligen Strömungen. Die Geschichte von Stoffen führt durch verschiedene Epochen und Stilrichtungen – von der Steinzeit in die Gegenwart, von Cleopatra bis Coco Chanel. Unter bestimmten Voraussetzungen ist eine Verkürzung der Ausbildungsdauer möglich, beispielsweise bei einer vorangegangenen Ausbildung oder einem guten Zwischenprüfungsergebnis.

Der Industrie gehört die Zukunft, so der allgemeine Tenor. Dort ist die Produktionshalle der Arbeitsplatz, und bei der Schneiderei ist Schnelligkeit angesagt. Das bedeutet in der Praxis fünf Tage am Stück Rocksäume nähen, drei Wochen hintereinan-

der Hemdennähte steppen oder auch mal wochenlang Hosenbeine bügeln. Qualität, Masse, Schnelligkeit – das sind die Forderungen, die der Wettbewerb verlangt. »Wenn du drei Wochen am Stück Rocksäume nähst, fragst du dich manchmal nach dem Sinn der Ausbildung. Wenn du aber schließlich aus eigener Hand ein komplettes Kleidungsstück fertigen kannst, weißt du, weshalb es sich gelohnt hat«, sagt Kerstin Gransow, Modedesignerin und gelernte Modeschneiderin. Im Handwerk darf der Schneiderlehrling ein Kleidungsstück vollständig selbst herstellen – er macht alles selbst, vom ersten Entwurf bis zur letzten Naht.

Die Berufsaussichten für Schneider sind nicht rosig: Die Konkurrenz aus so genannten Billiglohnländern ist hart. Allerdings ist das Erlernen des Schneiderhandwerks oftmals Grundvoraussetzung, um in der Modebranche Karriere zu machen. Als gelernter Schneider stehen einem viele Wege und viele qualifizierte Positionen offen: Man kann sich etwa zum Modegestalter weiterbilden, zum Gewandmeister oder zur Entwurfdirektrice. Oder man wagt, wie Gabriella Schön, den Sprung in die Selbstständigkeit.

TEXT: JULIANE BUCHWALSKY UND JULIANE SEESSELBERG

AUSBILDUNG UND DAUER >
Dreijährige Berufsausbildung zum Schneider in industriellen oder handwerklichen Betrieben.

ZUGANGSVORAUSSETZUNGEN >
Hauptschulabschluss, Realschule oder Abitur.

INDIVIDUELLE BEGABUNG >
Handwerkliches Geschick, Fingerfertigkeit, Kreativität, Geduld, Augenmaß, logisches Denken.

WEITERBILDUNG >
Nach den entsprechenden Gesellenjahren stehen dem Schneider zahlreiche Möglichkeiten offen: Es gibt Kurse oder Seminare in Textildesign, Schnitttechniken oder Gradieren am CAD-System. Man kann Aufstiegsfortbildungen zum Herren/Damenschneidermeister, Gewand- oder Industriemeister in Abendschulen besuchen oder eine einjährige Ausbildung an der AMD München absolvieren. Auch eine Weiterentwicklung zur Entwurfsdirektrice oder ein Modedesign-Studium sind möglich.

BESCHÄFTIGUNGSMÖGLICHKEITEN >
Modenäher:
Ausübungsmöglichkeiten in der industriellen Damen-, Herren- oder Kinderoberbekleidung, Freizeit- und Berufsbekleidung, usw.

Modeschneider:
Kann zusätzlich mitwirken an der Herstellung von Uniformen, Lederbekleidung sowie von Trachten-, Haus-, Bett- und Tischwäsche.

Damenschneider:
Fertigung und Änderung von Damenoberbekleidung; Herstellung z. B. von Theaterkostümen und Trachten; Arbeit in der Wäsche-, Änderungs- und Musterschneiderei oder als Aufzeichner, Bügler oder Fachberater für Bekleidung.

Herrenschneider:
Tätigkeit in größeren Herrenschneiderbetrieben oder in der Maß-, Änderungs-, Uniform- bzw. Theaterschneiderei.

LITERATUR UND FACHZEITSCHRIFTEN >
»Textil- und Modelexikon«,
Alfons Hofer,
Deutscher Fachverlag

»BW Fashion Technics – Internationales Magazin für die Modeindustrie«,
Context International,
www.fashion-technics.de

ADRESSEN UND LINKS >
BIZ Berufsinformationszentren der jeweiligen Arbeitsämter
www.arbeitsamt.de

Handelskammer Hamburg
Adolfsplatz 1
20457 Hamburg
Tel. 040/36138-0

Handwerkskammer Hamburg
Holstenwall 12
20355 Hamburg
Tel. 040/35905-0

Industrie- & Handelskammer Köln
IHK Köln
50606 Köln
Tel. 0221/1640-0

Ein Atelier mit kreativem Chaos, mit verstreuten Zeichnungen, Scheren, Papier und Stoff – so stellt man sich den Arbeitsplatz von Direktricen vor. Aber weit gefehlt. In der Hamburger Firma »Oktavia« stehen schlichte Computer auf den Tischen. Riesige Stellwände schirmen die Arbeitsplätze der Direktricen voneinander ab, es herrscht konzentrierte Stille. Nur so könne man kreativ arbeiten, sagt die Abteilungsleiterin Claudia Sonntag. »Übermäßiges Reden und hohe Lautstärke stören da nur.«

Der technische Fortschritt hat die Arbeit von Direktricen im letzten Jahrzehnt erheblich verändert. Computerprogramme wie »Gerber«, »Assist« und »Lectra« sind das Grundwerkzeug, um Schnitte zu konfektionieren und Rocksäume zu kürzen oder zu verlängern. Es gibt drei Arten von Direktricen: Die Entwurfsdirektrice plant und gestaltet die Kollektion von Modellen in Zusammenarbeit mit dem Designer. Sie skizziert die Schnittführung und erstellt einen Musterschnitt, den sie bei der Erstanfertigung überwacht. Die Schnittdirektrice hingegen setzt die so erstellten Muster in produktionsreife Schnitte um. Die Fertigungsdirektrice überwacht die Produktionsvorgänge. Sie plant die Arbeitsschritte und sorgt dafür, dass Maschinen und Geräte betriebsbereit sind.

Bei »Oktavia«, dem Zulieferer von »Otto« und anderen Versandhäusern, liegt die Aufgabe der Entwurfs- und Schnittdirektrice allerdings in einer Hand. Das hat den Vorteil, dass eine Mitarbeiterin ihren Entwurf auch im Schnitt weiterverfolgt. So kann sie Fehlkonstruktionen leichter vermeiden – eine zu hoch angesetzte Naht zum Beispiel entginge den Expertenaugen nicht. Bei »Oktavia« wird also nicht nach den Berufsbezeichnungen getrennt, sondern nach den Vorlieben der Direktricen: Die einen machen nun mal lieber Röcke, die anderen Blazer, Hosen oder Blusen. »Jeder entwickelt eine Leidenschaft – und in der wird man auch besonders gut«, sagt Sonntag.

Ein Designer setzt der Direktrice Maßvorgaben, und sie entwickelt daraus kreative Skizzen. Aus diesen wird der Muster-/Erstschnitt zusammengesetzt – zunächst nur am Bildschirm. Anfangs wird auch nur eine Konfektionsgröße entwickelt; das Konfektionieren der Ware übernehmen in einem späteren Arbeitsgang die Gradierer, die eine spezielle Ausbildung dafür absolviert haben. »Es wäre wirklich zu viel, von den Direktricen auch noch diese Leistung zu erwarten«, erklärt Claudia Sonntag. In der nächsten Phase begutachtet der Katalogkunde den Schnitt und äußert Wünsche und Veränderungen – zum Beispiel das Versetzen einer Blazernaht.

Die Anforderungen an eine Direktrice sind vielfältig. »Sie soll kreativ sein, trenderfahren und muss eine Designskizze verstehen«, sagt Sonntag. »Außerdem muss sie Schnittkonstruktion und Verarbeitung beherrschen.« Stressanfällig dürfen Direktricen nicht sein: Zeitweise sind Druck und Überstunden enorm.

Wer in einem Betrieb wie »Oktavia« arbeiten will, muss zuvor eine zweijährige Ausbildung zur Ent-

wurfs-, Schnitt- oder Fertigungsdirektrice absolvieren. Diese wiederum setzt ein halbjähriges Praktikum beim Schneider voraus oder noch besser: eine abgeschlossene Schneiderlehre. »Man kann sich dann viel schneller in den Schnitt hineindenken. Man hat einen Blick dafür«, sagt »Oktavia«-Mitarbeiterin Naila Boulaich.

Die Direktricenausbildung schließt mit einer Prüfung vor der Handelskammer ab. Dann sind die Direktricen allerdings noch nicht fit für den freien Markt: Was zählt, sind praktische Berufserfahrungen. »Ich vergleiche das immer mit dem Führerschein«, sagt Claudia Sonntag. »Wenn Sie den in die Hand bekommen, dann haben Sie ihn. Aber Autofahren können Sie noch lange nicht.« Häufig haben die Schulen auch nicht die geforderten Computerprogramme. »Oktavia« schickt deshalb seine neuen Mitarbeiter zunächst zu einer einwöchigen Schulung.

Die Arbeit der Direktricen ist anstrengend, und regelmäßige Weiterbildung ist nötig, da sich die Technik schnell entwickelt. Claudia Sonntag kann sich aber keinen schöneren Beruf vorstellen: »Wenn ich nochmals wiedergeboren würde – dann würde ich wieder Direktrice werden. Ganz sicher.«

TEXT: VANESSA HAUPT UND NELE NABER

AUSBILDUNG UND DAUER >
Zweijährige Ausbildung an Akademien und staatlichen Modeschulen zur Entwurfs-, Schnitt- oder Fertigungsdirektrice (männl. Bezeichnung: Entwurfsmodelleur).

ZUGANGSVORAUSSETZUNGEN >
Mindestens ein halbjähriges Praktikum beim Schneider, besser noch eine abgeschlossene Ausbildung. Keine Geh- und Stehbehinderung. Fremdsprachenkenntnisse wegen Internationalisierung erwünscht. In staatlichen Fachschulen ist mindestens die Mittlere Reife, bei privaten Bildungsträgern mindestens der Hauptschulabschluss erforderlich. Teilweise Auswahl nach mündlicher, schriftlicher und praktischer Aufnahmeprüfung.

INDIVIDUELLE BEGABUNG >
Trendbewusst, kreativ, stressresistent; räumliches Vorstellungsvermögen, um Designskizzen umsetzen zu können. Hohe Konzentrationsfähigkeit. Keine Scheu vor Computern.

WEITERBILDUNG >
Anschließende Ausbildung zur Modedesignerin möglich. Im Berufsleben der Direktrice ist aufgrund der fortlaufend wechselnden Technologien eine ständige Weiterbildung erforderlich. Schulungen in aktuellen Computerprogrammen.

BESCHÄFTIGUNGSMÖGLICHKEITEN >
Im Textilgewerbe und in Modeateliers, die Gesamtkonzeptionen für Kollektionen entwickeln, Einzelmodelle entwerfen und skizzieren.

LITERATUR UND FACHZEITSCHRIFTEN >
»Textilmitteilungen TM«,
Branche & Business

»BW Fashion Technics – Internationales Magazin für die Modeindustrie«,
Context International,
www.fashion-technics.de

»Chemiefaser – Textilindustrie«,
Deutscher Fachverlag

ADRESSEN UND LINKS >
Bundesverband
Bekleidungsindustrie e.V. (BBI)
Postfach 10 09 55
50449 Köln
Tel. 0221/7744112
www.bbi-online.de

Gesamtverband der
Textilindustrie in der BRD –
Gesamttextil – e.V.
Postfach 53 40
65728 Eschborn
Tel. 06196/9660
www.gesamttextil.de

Staatliche Modeschule
Stuttgart
Fachschule für Entwurfsdirektricen/Bekleidungsdesigner
Ulmer Str. 227
70327 Stuttgart-Wangen
Tel. 0711/489095-0
www.leu.bw.schule.de

Deutsche Meisterschule
für Mode
Roßmarkt 15
80331 München
Tel. 089/23322423
www.fashionschool.de

Mode-Lehr- und
Schnittinstitut Gabriel
Bodelschwinghstr. 6-8
60386 Frankfurt am Main
Tel. 069/413593
www.modeinstitut.de

Modeschule ESMOD Berlin
Schlesische Str. 29/30
10997 Berlin
Tel. 030/6112214
Fax. 030/2012591
www.esmod.de

Modeschule Düsseldorf
Fachschule für
Mode Schloß Eller
Heidelberger Str. 42
40229 Düsseldorf
Tel. 0211/211813

Berufliches Schulzentrum
Seminarstr. 13-15
08523 Plauen
Tel. 03741/2912381
Fax 03741/2912389

AMD Akademie
Mode & Design
Wendenstr. 35c
20097 Hamburg
Tel. 040/237878-0
München
Tel. 089/386678-0
www.amdnet.de

SCHUHMACHER

»Nee, das geht nicht«, sagten seine Eltern, als Benjamin Klemann im Alter von 14 Jahren das erste Mal davon sprach, Schuhmacher zu werden. »Das ist doch kein Beruf mehr, damit kannst du kein Geld verdienen.« Es ging doch. Heute schaut sich der 44-Jährige zufrieden in seiner eigenen Werkstatt um: Auf den langen Arbeitstischen liegen Messer, Pinsel, Nägel, ein Maßband und Schnipsel von Leder und Kork, es riecht nach Kleber. Hinter dem voll gestopften Regal klopft der Hammer, mit dem einer seiner drei Angestellten eine Sohle bearbeitet, und sein Lehrling näht mit ausladenden Handbewegungen feine Stiche ins Leder. Am zufriedensten aber stimmen den Schuhmacher die hölzernen Füße, die sich in den Regalen stapeln und von der Decke baumeln: Leisten sind das, die genaue Nachbildung von den Füßen seiner Kunden, deren Namen mit schwarzem Edding auf das Holz gekritzelt sind. Etwa 1000 Leisten hat Klemann mittlerweile beisammen – macht genauso viele Kunden. Und die meisten von ihnen kommen wieder: alle zwei Jahre, einmal im Jahr, manche auch öfter.

Wer sich in Zeiten der Massenproduktion noch Maßschuhe anfertigen lässt? Vor allem solche, die ab 1350 Euro aufwärts kosten? »Alle möglichen Menschen kommen zu mir«, sagt Klemann. »Manche haben für die normalen Ladenschuhe zu große oder zu kleine Füße, oder vielleicht einen zu hohen Spann. Andere haben einfach Spaß an hochwertiger Qualität.« Auch eine ganze Menge Prominente kaufen bei »Klemann-Shoes« ein – deren Namen werden natürlich nicht verraten. »Zu 80 Prozent machen wir Herrenschuhe. Die Frauen brauchen so viele verschiedene Paare – für jede Lebenslage mindestens eins – dass sie nicht ganz so viel Geld für die einzelnen ausgeben wollen ...«

Ein Paar »Klemann«-Schuhe beginnt normalerweise mit einem langen Gespräch: »Für welche Anlässe brauchen Sie die Schuhe, muss die Sohle vielleicht besonders weich sein, weil Sie Knieprobleme haben? Welches Modell – Derby, Oxford oder Mokassins? Straußenleder, Krokodil oder vielleicht doch lieber Haifisch oder Lachs?« Wenn das geklärt ist, vermisst Klemann den Fuß seines Kunden, macht eine Trittspur, einen Stempelabdruck der Sohle und schnitzt dann die vorgefertigten Holzleisten passend. Nun wird geschnitten, geklebt, gehämmert und genäht. Mindestens 30 Arbeitsstunden stecken in so einem Paar Lederschuhe.

»Letztlich besteht unsere Arbeit größtenteils aus Handwerk – Künstler sind wir nicht«, sagt Klemann. »Es gibt nun mal nichts wirklich Neues auf dem Schuhmarkt: sechs Grundformen und das war's.« Geschick ist bei einem Schuhmacher mehr gefragt als Kreativität, Genauigkeit wichtiger als der letzte Modeschrei. »Und wenn du dich selbstständig machen willst, dann brauchst du verdammt viel Ausdauer«, fügt Klemann hinzu. Ausdauer, weil man als Selbstständiger eben auch mal zwölf Stunden am Tag und sechs Tage die Woche arbeiten muss, sich in den ersten Jahren nicht mehr als zwei Wochen Urlaub im Jahr gönnen kann. Weil man ständig

unterwegs ist: bei Kunden, auf Messen, bei Lederhändlern. Und weil das Geld gerade am Anfang nur sehr spärlich in die Kasse tröpfelt. Es dauert eben eine Weile, bis man sich etabliert hat in der Branche. »Am besten sucht man sich zwei oder drei Standbeine. Wenn ich in den ersten beiden Jahren nicht auch für andere Firmen gearbeitet hätte, wäre ich verhungert.«

Statt zu verhungern ging Klemann nach seiner dreijährigen Ausbildung in Neumünster, beim damals einzigen Maßschuhmacher Deutschlands, nach London: Dort machte er seine eigene Werkstatt auf, arbeitete aber vor allem für den englischen Hoflieferanten. Als seine Kinder ins Schulalter kamen, zog er zurück nach Deutschland auf das Gut Basthorst, 30 Kilometer östlich von Hamburg. Hier, zwischen Pferdekoppeln und Obstbäumen, produzierte er in den ersten Jahren noch Kleinserien für Eduard Meier, Deutschlands ältestes Schuhhaus in München. Jetzt, nach 14 Jahren in Basthorst, fertigt Benjamin Klemann nur noch Maßschuhe an. Reich ist er damit nicht geworden, glücklich schon: »Das handwerkliche Arbeiten an sich und der Kontakt zu den Kunden gibt mir sehr viel. Und so ein Produkt von Anfang bis Ende machen zu können, vom ersten Gespräch bis zur Anprobe – das bereitet mir eine Riesenfreude.«

TEXT: INKA SCHMELING

AUSBILDUNG UND DAUER >
In Deutschland gibt es für Schuhmacher keine Kurse an Fachhochschulen; ausgebildet wird in den Betrieben selbst. Ein Ausbildungsplatz in einer Werkstatt für Maßschuhe ist sehr schwierig zu bekommen – davon gibt es nämlich nur eine Hand voll. Am besten lässt man sich vom Bundesinnungsverband des Deutschen Schuhmacherhandwerks die Adresse der jeweiligen Landesinnung geben: Die weiß, wer in ihrem Bundesland Maßschuhe herstellt. Wer einen der raren Plätze bekommen hat, wird drei Jahre lang zum Schuhmacher ausgebildet. Das Monatsgehalt beträgt 375 Euro im ersten Ausbildungsjahr, 440 Euro im zweiten und 510 Euro im dritten Jahr.

ZUGANGSVORAUSSETZUNGEN >
Von den Schuhmacherinnungen gibt es keinerlei Vorschriften.

INDIVIDUELLE BEGABUNG >
Schuhmacher sind in erster Linie Handwerker und dann erst Künstler: Sie brauchen also für ihre Arbeit vor allem Geschick, Genauigkeit und Geduld.

BESCHÄFTIGUNGS-MÖGLICHKEITEN >
Wegen der geringen Zahl an Werkstätten für Maßschuhe zieht es etliche Schuhmacher nach Italien oder London, wo der Markt größer ist. Es besteht aber immer noch die Möglichkeit, sich nach der Ausbildung selbstständig zu machen: Dafür benötigt man zwar nicht allzu viel Startkapital, aber es dauert, bis man sich etabliert hat.

LITERATUR UND FACHZEITSCHRIFTEN >
Broschüren, Fachbücher und Videos – von Klebstoffkunde bis zur Schuhreparatur – verkauft der Bundesinnungsverband des Deutschen Schuhmacherhandwerks.

ADRESSEN UND LINKS >
Bundesinnungsverband
des Deutschen
Schuhmacherhandwerks
Grantham-Allee 2-8
53757 Sankt Augustin
Tel. 02241/990188
www.schuhmacherhandwerk.de

Das offizielle Internetportal
des Deutschen Handwerks
www.handwerk.de

Das »London College
of Fashion«
bietet Kurse zur Aus-
und Weiterbildung für
Schuhmacher und
Designer an:
London College of Fashion
20 John Prince's Street
London W1G 0BJ
England
www.lcf.linst.ac.uk

Schuhmacher
Benjamin Klemann
Auf dem Gut
21493 Basthorst
Tel. 04159/1203
www.klemann-shoes.com

STRICKDESIGNER/ STRICKTECHNIKER

Schon in der Schule konnten strenge Lehrerblicke Ellen Bendt nicht davon abhalten, Schals und Pullover zu stricken – und diese Leidenschaft ist bis heute geblieben. Als freiberufliche Strickdesignerin arbeitet sie für renommierte Firmen wie »Bugatti«, »Apart«, »Buffalo« und den »Otto Versand«. Zudem leitet sie als Dozentin den Bereich Maschenwarentechnik an der AMD Akademie Mode & Design in Hamburg und macht Trendberatung und Personalcoaching in Firmen, die sich mit Strickwaren beschäftigen.

Bis heute gibt es keine spezielle Ausbildung für den Entwurf von Maschenware. Bendt begann ihre Laufbahn mit einem fünfjährigen Modedesign-Studium – belegte aber bewusst stricktechnische Kurse, besuchte spezielle Fachseminare und erweiterte ihr Wissen durch Praktika. »Strickdesign ist eine besondere Art von Kreativität. Man sollte Spaß an schöpferischer und technischer Arbeit mitbringen«, sagt sie. Der Beruf ist eine Herausforderung: Schließlich greifen Modedesigner meist schon auf fertige Stoffe zurück – aber der Strickdesigner setzt sich mit den Maschen schon in der Entwurfsphase auseinander. Welches Garn ist das richtige, welche Verarbeitungstechnik bringt den gewünschten Effekt? Noch bevor der Stoff in Produktion geht, legt Bendt den Ausfall der Musterung, die Farbgebung, die Bindungstechnik fest – und kann die Anmutung des Designs bestimmen.

Wer Strickdesigner werden möchte, sollte am besten ein praxisorientiertes Studium der Textiltechnologie oder des Textilmanagements wählen, empfiehlt Ellen Bendt. Wichtig sind zusätzliche Praktika in Strickereien – denn hier wird schon früh das technische Wissen vermittelt. Dieses Knowhow ist für den späteren Strickdesigner notwendig. Laut Bendt ist der Beruf noch eine »absolute Marktlücke«. Die Chancen für Strickdesigner sind also gut.

Damit letztlich aber Pullover, Strümpfe und Westen entstehen, ist ein weiterer Experte unverzichtbar: der Stricktechniker. Dieter Waltje betreut bei der Lübecker Firma »Lucia-Strickwaren« die Änderung der Maschinen. Bei der Produktion eines Pullovers kommt es zum Beispiel immer wieder vor, dass das Vorderteil ein paar Maschen zu breit oder zu schmal wird. Dann muss Waltje die Vorgaben in allen Strickmaschinen angleichen, da Vorder- und Rückenteile, Kragen und Ärmel an jeweils verschiedenen Geräten angefertigt werden.

Viele Stricktechniker sind so genannte »Reisetechniker«: Sie fahren durch ganz Europa und stellen bei verschiedensten Firmen Strickmaschinen ein – sonst kann die Produktion nicht starten. Und die Herstellung ist komplex: Die Vorderteile eines Pullovers beispielsweise werden meist in anderen Abteilungen angefertigt, da sie häufig Verzierungen oder ein »Intarsienmuster« (Flachstrickart) tragen. Rückenstücke hingegen entstehen meist in der Rundstrickabteilung. Insgesamt dauert die Produktion einer Kollektion fünf bis sechs Monate. In der etwa vierwöchigen Pause zwischen Winter- und

Sommerproduktion überholt Stricktechniker Waltje die Maschinen und baut sie um.

Aufwändig ist auch die Maschinenbetreuung, wenn noch nicht produziert wird, sondern erst Farb- und Musterproben erstellt werden. Die Designer haben neue Vorschläge entworfen – und Waltje muss dafür sorgen, dass die Maschinen diese richtig umsetzen. Die nötigen Programme werden bei »Lucia-Strickwaren« allesamt von Hand geschrieben.

Die Ausbildung zum Textiltechniker dauert zwei bis vier Jahre. Technisches Talent und Interesse an Computern ist Voraussetzung. Auf dem Stundenplan stehen unter anderem Fächer wie Technologie, Informatik sowie Planungs- und Produktionstechnik. Mustervorbereitungsanlagen müssen beherrscht, Groß- und Kleinrundstrickmaschinen auf Vordermann gebracht werden. Und auch computergesteuerte Flachstrickmaschinen sind eine Herausforderung für die künftigen Textilexperten.

TEXT: NINA KLECKOW, FRANZISKA LAGE
UND ANNEKE REINSCHMIDT

STRICKDESIGNER >

AUSBILDUNG UND DAUER >
Es gibt keine spezielle Ausbildung; ersatzweise bietet sich ein Modedesign- oder Textilmanagement-Studium an. Die Ausbildung an Universitäten dauert ca. acht bis neun Semester, an Fach- oder Privatschulen ca. drei Jahre.

ZUGANGSVORAUSSETZUNGEN >
Abitur und berufsorientiertes Praktikum; eine Schneiderlehre ist von Vorteil.

INDIVIDUELLE BEGABUNG >
Vorliebe für textile Materialien, gute Vorstellungsgabe, Kreativität, Spaß an schöpferischer und technischer Arbeit, Geduld.

WEITERBILDUNG >
Stricktechnische Kurse, Fachseminare und Schulungen im Strickwarenbereich.

BESCHÄFTIGUNGS-MÖGLICHKEITEN >
Textilgewerbe, Strickereien, spezielle Modefirmen, Warenentwicklung, Strickdesign, Trendberatung bei Fachzeitschriften für textile Produkte.

LITERATUR UND FACHZEITSCHRIFTEN >
»Berufe mit Mode«, BW Bildung und Wissen

»Wirkerei und Strickerei-Technik«, Meisenbach GmbH

ADRESSEN UND LINKS >
Bundesinnungsverband für das Stricker-, Sticker- und Weberhandwerk
Graflinger Str. 106
94469 Deggendorf
Tel. 0991/2506280

Gesamtverband der Textilindustrie in der BRD – Gesamttextil – e.V.
Postfach 5340
65728 Eschborn
Tel. 06196/9660
www.gesamttextil.de

Textil- und Bekleidungs-Berufsgenossenschaft
Oblatterwallstr. 18
86153 Augsburg
Tel. 0821/31 59-0
www.textil-bg.de

Universität Hamburg
Edmund-Siemers-Allee 1
20146 Hamburg
Tel. 040/42 83 80
www.uni-hamburg.de
(Studium: Technik mit Schwerpunkt Textil und Bekleidung)

STRICKTECHNIKER >

AUSBILDUNG UND DAUER >
An speziellen Fachschulen dauert die Ausbildung zwei bis vier Jahre. Die zweijährige Ausbildung endet mit dem Abschluss »Textilmaschinenführer«; nach vier Jahren ist man »staatlich geprüfter Techniker mit der Fachrichtung Textiltechnik und dem Schwerpunkt Wirkerei und Strickerei«.

ZUGANGSVORAUSSETZUNGEN >
Eine mind. zweijährige Ausbildung in einem Textilberuf (z. B. Stricker/in) sowie mindestens ein Hauptschulabschluss oder ein Abschluss der zehnten Klasse in einer polytechnischen Oberschule.

INDIVIDUELLE BEGABUNG >
Vorliebe für textile Materialien, technisches und kaufmännisches Verständnis, Organisationstalent. Spaß an Computerarbeit. Als Reisetechniker sind zudem Flexibilität und Kommunikationsfähigkeit gefragt.

WEITERBILDUNG >
Meisterbrief an der Textilfachschule in Reutlingen.

BESCHÄFTIGUNGS-MÖGLICHKEITEN >
Stricktechniker bei einer Strickwarenfirma oder Reisetechniker.

LITERATUR >
»Berufe mit Mode«, BW Bildung und Wissen

ADRESSEN UND LINKS >
Berufliches Schulzentrum e. o. plauen
Ackerstr. 8
08527 Plauen/Vogtland
in Sachsen
Tel. 03742/2912100
www.bsz-eoplauen.de

Otto-Johannsen-Technikum
Staatliche Textilfachschule und Berufskolleg
Altenburgstr. 150
72762 Reutlingen
Tel. 07121/271238
www.ojt.fh-reutlingen.de

BERUFE & BILDUNG :: STYLIST

AMD EDITION

STYLIST

Beim Anblick all der Kleider, Blazer und Handtaschen auf dem Verkaufstresen wird die Verkäuferin nervös: Markenklamotten im Wert von knapp 4000 Euro – säuberlich notiert sie alles in ihr Quittungsbuch. Für Joachim Blohm ist das normal. Er macht, wovon die meisten nur träumen: hemmungslos die Regale leer räumen. Als Stylist für Modezeitschriften und Musikvideos leiht er sich die Teile gegen eine Gebühr in Geschäften aus. »Wenn ich als Mann in einer Boutique bin, gucken die Verkäuferinnen erst misstrauisch. Erzähle ich dann, dass ich Stylist bin, entspannen sich die Damen recht schnell. Aber meistens besorge ich die Sachen in Geschäften, die mich sowieso kennen.«
Gelernt hat Blohm seinen Beruf vor allem durch Abgucken. Nach einem Praktikum bei einer Modezeitschrift lernte er eine freiberufliche Stylistin kennen. »Ich bin dann einfach mit zu den Shootings gegangen. Anfangs durfte ich bloß die Koffer packen, die Outfits bügeln und den Models beim Umziehen helfen. Später konnte ich dann auch eigene Ideen mit einbringen. Das war eine harte, aber sehr gute Schule.«
Hilfreich kann eine Ausbildung zum Schneider oder ein Mode- bzw. Designstudium sein. Einen geregelten Ausbildungsweg mit anerkanntem Abschluss gibt es bislang nicht. Viele Stylisten sind deshalb Quereinsteiger wie Blohm. Am einfachsten ist der Einstieg über ein Praktikum oder eine Assistenz. Sinnvoll ist es, sich an Mode- oder Werbefotografen zu wenden, da die häufig engen Kontakt zu Stylisten haben. Der Verdienst liegt je nach Berufserfahrung bei 250 bis 500 Euro pro Tag, die Assistenten bekommen 75 bis 110 Euro für ein Tagesshooting. Eine der wichtigsten Grundvoraussetzungen neben sicherem Geschmack ist ein ausgeprägtes Gespür für Looks, Trends und die hipsten Läden.
»Nach fast 20 Jahren in dem Job werde ich häufig als Feuerwehr gebucht«, erzählt Blohm. »Viele junge Stylisten sind auf dem Set einfach überfordert – der Stress ist enorm und die Verantwortung hoch. Der häufigste Fehler liegt in der Budgetverwaltung. Da muss man schon richtig rechnen, um alle Sachen für eine Produktion zusammenzubekommen. Fehlt am Ende was, weil das Geld ausging, gibt's kein Pardon. So einen Fehler darf man sich nur einmal erlauben, sonst ist man draußen.«
Normalerweise buchen Werbeagenturen und Moderedaktionen die Stylisten als freie Dienstleister. Der Auftraggeber sucht die Models, den Fotografen, den Visagisten und das Studio – der Stylist kümmert sich um das Outfit und die Accessoires. Vor dem Shooting wird alles zur Probe zusammengestellt: Kleider, Ohrringe oder Schuhe – Blohm kombiniert alles genau so, wie es später die Models tragen sollen. Meist ist bei der Vorbereitung der Kunde dabei. So kann bei der Produktion viel Zeit für Diskussionen gespart werden. »Oft passiert die Vorauswahl auf den letzten Drücker, teilweise muss ich noch nachts neue Kleider besorgen«, stöhnt Blohm.
Viele Stylisten arbeiten mit Agenturen zusammen, die sich auf die Vermittlung von Stylisten, Visagisten

oder Fotografen spezialisiert haben. Diese Booker machen dann den Terminplan und handeln auch die Honorare des Stylisten aus; dafür kassieren sie eine Provision. Gerade für Neueinsteiger kann dieser Weg sinnvoll sein, da die Agentur über gute Kontakte zu Auftraggebern verfügt. Erfahrene Stylisten arbeiten dagegen häufig immer mit demselben Fotografen zusammen – dann weiß man, welche Vorstellungen der andere vom Shooting hat.

Während des Shootings kontrolliert der Stylist ständig, ob das Kleid richtig sitzt und der Stoff richtig fällt oder ob auch nur ein Fussel stört. »Es ist immer sehr hektisch, vor allem bei Videodrehs. Da ist es wichtig, ruhig zu bleiben. Wenn etwas nicht passt oder fehlt, muss man eben improvisieren – dann sind Klebeband, Sicherheitsnadeln und Schere meine besten Freunde«, sagt Blohm. Ist alles erledigt, kontrolliert er die Sachen auf Flecken oder andere Schäden. »Einige Teile schicke ich per Kurier in die Reinigung oder direkt zum Klamottenladen zurück. Andere behalte ich für meinen Fundus. Die meisten Sachen bekomme ich zu verbilligten Preisen. So habe ich immer eine zusätzliche Auswahlmöglichkeit, wenn's mal wieder eng wird.«

14-Stunden-Tage sind keine Seltenheit. Gerade bei Auslandsshootings, etwa in Südafrika oder auf den Kanaren, heißt es früh aufstehen, weil morgens um fünf das Licht zum Fotografieren besonders gut ist. Teamfähigkeit ist wichtig. Und weil Fotografen und Models häufig aus dem Ausland kommen, muss der Stylist fließend Englisch sprechen, besser auch noch Französisch. »Das Reisen hat mich anfangs am meisten fasziniert«, sagt Blohm. »Inzwischen bin ich schon fast überall gewesen. Nur der Jetlag nervt, das habe ich bis heute nicht im Griff.«

Allzu lange will er deshalb auch nicht mehr als freier Stylist arbeiten. Profis wie Blohm haben gute Chancen, später eine Festanstellung als Moderedakteur bei einer Zeitschrift zu bekommen.

TEXT: CHRISTOPH TOPHINKE

AUSBILDUNG UND DAUER >
Für den Beruf des Stylisten gibt es keinen geregelten Ausbildungsweg mit anerkanntem Abschluss. Hilfreich kann eine Ausbildung zum Schneider oder ein Studium im Bereich Mode oder Design sein. Üblich ist es, über Praktika und Assistenzen Erfahrungen zu sammeln und dann als Quereinsteiger ins kalte Wasser zu springen.

ZUGANGSVORAUSSETZUNGEN >
Für die Schneiderlehre benötigt man mindestens den Hauptschulabschluss, für ein Studium das Abitur. Wichtig für angehende Stylisten sind gute Englischkenntnisse, da viel im Ausland produziert wird.

INDIVIDUELLE BEGABUNG >
Ein sicheres Gespür für Trends und Mode, hohe Belastbarkeit und Organisationstalent. Teamfähigkeit, Flexibilität und Stressresistenz sind ebenfalls gefragt. Sehr wichtig ist es zudem, die Kosten im Auge zu behalten.

WEITERBILDUNG >
Stylisten mit viel Erfahrung haben die Möglichkeit, später als Redakteur bei Zeitschriften zu arbeiten, vor allem im Rahmen der Modestrecken.

BESCHÄFTIGUNGSMÖGLICHKEITEN >
Üblicherweise arbeiten Stylisten freiberuflich für Werbeagenturen, Moderedaktionen, Film und Fernsehen.

LITERATUR UND FACHZEITSCHRIFTEN >
Nationale und internationale Modezeitschriften, Trendhefte wie »Vogue«, »Glamour«, »I-D«, »Wallpaper«, »Colors«, »Elle«, »GQ«, »Nylon«.

ADRESSEN UND LINKS >
Close Up
Winterhuder Weg 138
22085 Hamburg
Tel. 040/2296900
www.closeup-agency.de/

Karin van Noort
Flingerstr. 9
40213 Düsseldorf
Tel. 0211/7331819
www.karinvannoort.de

Up Art
Rotenbergerstr. 39
70190 Stuttgart
Tel. 0711/260000
www.upart-design.de

Fame Agency
Oettingerstr. 30
80538 München
Tel. 089/295952
www.fame-agency.de

Liga Nord
Mühlenkamp 31
22303 Hamburg
Tel. 040/278189-20
www.liganord.com

TEXTILDESIGNER

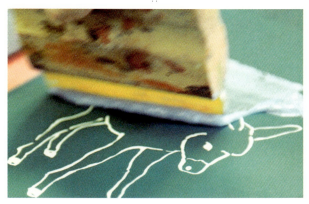

Griechische Säulen, antike Girlanden, naturfarbene Stoffe – verschiedenste Ideen für ein neues Stoffdesign schwirren im Kopf von Thomas Meyer zur Capellen herum. Der Textildesigner sitzt an seinem Schreibtisch. Doch anstatt mit kreativem Pinselschwung und den nötigen Farben seine Entwürfe gleich umzusetzen, liegen vor ihm zunächst nur ein weißes Blatt Papier und ein Winkelmesser. »Textildesigner sind beim Entwickeln von neuen Dessins stark an technische Daten gebunden«, sagt der Hamburger – und zeichnet zuerst einen schlichten rechten Winkel. Erst nachdem der Rahmen und die Form festgelegt sind, lässt sich der Inhalt mit Ideen füllen.

Die Arbeit eines Textildesigners hat viele Facetten: Er entwirft Heim- und Bekleidungstextilien und entwickelt Dekorations-, Kleider- und Möbelstoffe; auch Teppiche, Tapeten und Bettwäsche werden nach seinen Ideen gefertigt. Nicht nur Struktur, Farbgebung und Musterung der Stoffe sind dabei wichtig, sondern auch ihre Qualität und die Produktionsmöglichkeiten. Musterentwürfe zeichnen die Textildesigner überwiegend per Hand und entwickeln sie später am Computer weiter.

Kreativität steht im Berufsfeld des Textildesigners ganz oben. Die Idee ist das Wichtigste – aber für die Umsetzung sind technische Instrumente unverzichtbar. Die Arbeit erfolgt im Team oder allein. Einzelgänger haben's aber schwer, denn spätestens die Realisierung des fertigen Produkts erfolgt im Team mit anderen Designern, mit Werbeagenturen, Marketingexperten, Produktionsfachleuten und Ingenieuren. In mehreren Meetings werden die Details besprochen. Entscheidend dabei ist jedoch immer der Wunsch des Kunden.

»Etwas Eigenes zu entwickeln und zu erschaffen, was der Öffentlichkeit präsentiert wird, ist das Beste an diesem Beruf«, sagt Thomas Meyer zur Capellen. Zu den wichtigsten Eigenschaften, die ein Textildesigner haben sollte, gehören die Freude an Farben und Stoffen sowie gestalterisches Talent. Aber Textildesigner sind mehr als Künstler. Sie brauchen auch technisches und kaufmännisches Verständnis ebenso wie Organisationstalent und Teamgeist. Besonders wichtig ist die Flexibilität. Schließlich muss der rasche Trendwechsel berücksichtigt werden – und bei der Entwicklung eines Projekts entstehen immer wieder neue Kundenwünsche. »Idealismus«, sagt Meyer zur Capellen, »ist ein wichtiger Bestandteil. Man muss fest von seinem Beruf überzeugt sein und an sich glauben.«

Die Entwicklung einer Idee umfasst mehrere Arbeitsschritte. Der Textildesigner erarbeitet vorläufige Entwürfe, die er mit verschiedenen Computerprogrammen festhält. Ein spannendes Experiment – denn er probiert dabei Farbvorschläge und verschiedene Garne aus und bezieht Strukturen und Oberflächen mit ein. Oft landen in dieser Phase die Ideen wieder im Papierkorb – und der Textildesigner beginnt ganz von vorn. Nicht alles, was sich die Kreativen ausdenken, ist technisch oder wirtschaft-

lich möglich. Wichtig ist auch, auf gute Qualität zu achten.
Es folgt die erste Absprache mit der Fertigung, dem Marketing, dem Vertrieb und der Unternehmensleitung. Die Ergebnisse werden gestalterisch und technisch erneut umgesetzt. Dann stellt der Textildesigner die Arbeitsproben für eine Musterkollektion zusammen und begleitet die ersten Testserien. So kann er nach der ersten Produktion mögliche Fehler korrigieren.
Anschließend kann dann endlich der Kunde die fertige Musterkollektion bewundern. Teils wird sie auch auf speziellen Messen präsentiert – diese Aufgabe fällt oft dem Designer persönlich zu. Anhand der Verkaufszahlen beobachtet er den Erfolg der Kollektion oder des Dessins und wertet ihn aus. Jetzt können gegebenenfalls noch Änderungen veranlasst werden. Und dann hält der Textildesigner sein fertiges Produkt in den Händen. Sein Job ist erledigt.
TEXT: WIEBKE HÖVELMEYER

AUSBILDUNG UND DAUER >
Die Arbeit von Textildesignern ist nicht berufsbindend, ein Studium also nicht zwingend Voraussetzung. Dennoch ist eine Ausbildung in Kunst- und Kulturgeschichte, Weben, Drucken, Färben und Textilchemie sinnvoll. Möglich ist dieses Studium an Kunsthochschulen bzw. -akademien, Fachhochschulen oder Gesamthochschulen in ca. acht bis neun Semestern. Die Ausbildung an Fach- oder Privatschulen dauert ca. drei Schuljahre.

ZUGANGSVORAUSSETZUNGEN >
Für die Fachschule ist eine abgeschlossene einschlägige Berufsausbildung nötig sowie, bei einem Hauptschulabschluss, eine zweijährige Berufserfahrung bzw. Fortbildung. Bei mittlerer Reife reicht ein einjähriges Praktikum aus. Für ein Studium (Abschluss: Diplomdesigner Textil) benötigt man die Fachhochschulreife bzw. das Abitur (Vorauswahl durch Arbeitsproben und/oder Eignungsprüfung).

INDIVIDUELLE BEGABUNG >
Vorliebe für textile Materialien, gestalterisches Talent und Gespür für Trends. Außerdem technisches und kaufmännisches Verständnis, Kontaktfreudigkeit, Teamgeist, Flexibilität und Organisationstalent.

BESCHÄFTIGUNGS- MÖGLICHKEITEN >
In Ateliers für Textil-, Schmuck- oder Möbeldesign. Im Textilgewerbe, z.B. bei der Garn- und Zwirnherstellung oder in einer Weberei. In Büros für Industriedesign. Auch in Abteilungen für Öffentlichkeitsarbeit in der produzierenden Industrie, insbesondere in der Textilindustrie, werden Textildesigner benötigt.

LITERATUR UND FACHZEITSCHRIFTEN >
»Mode und Textil. Berufe mit Zukunft. Einstieg – Praxis – Perspektiven«,
Christiane Reuter,
Eichborn Verlag

»Studienführer Kunst und Design«,
Michael Jung,
Lexika Verlag

»Textil, Körper, Mode, Bd. 3 – Textildesign«,
Gabriele Mentges und Heide Nixdorff,
Edition Ebersbach

ADRESSEN UND LINKS >
Verband Deutscher Mode- und Textildesigner e.V.
Semmelstr. 42
97070 Würzburg
Tel. 0931/4654290
www.fashiondesign.de

Universität der Künste Berlin
Fachbereich Design
Postfach 12 05 44
10595 Berlin
Tel. 030/31852204
www.hdk-berlin.de

Fachhochschule Hannover
Fachbereich Design und Medien
Kurt-Schwitters-Forum
Expo Plaza 2
30539 Hannover
Tel. 0511/866862338
www.dm.fh-hannover.de

Fachhochschule Bielefeld
Fachbereich Textildesign
Lampingstr. 3
33615 Bielefeld
Tel. 0521/1062485
www.fh-bielefeld.de

Hochschule für Angewandte Wissenschaften Hamburg
Fachbereich Gestaltung
Armgartstr. 24
22087 Hamburg
Tel. 040 428754637
www.haw-hamburg.de

TEXTILINGENIEUR/ TEXTILTECHNIKER

Ob die neue Bluse wohl beim Waschen einläuft? Wie verändert sie sich beim Bügeln? Bleicht sie aus, wenn sie zwei Wochen in der Sonne hängt? Eigentlich sollte nicht die Kundin über diese Qualitätsstandards grübeln müssen: Das ist die Aufgabe von Ullrich Küppers, Textiltechniker der Firma »Drews Textilwerke«. Sein Arbeitsbereich nennt sich Qualitätssicherung. »Nachdem eine Stoffkollektion erstellt worden ist, überprüft unser Labor, ob die Ware den Normen entspricht«, erklärt er. »Treten Abweichungen auf, so ist es meine Aufgabe, diese zu beheben. Wenn alle Testwerte optimal sind, präsentieren wir unseren Kunden die Erstmusterung.«

Nach der mittleren Reife und einer Ausbildung in einem Veredlungsbetrieb hat Ullrich Küppers zunächst als Geselle gearbeitet. Danach bildete er sich an einer Textilfachschule zum staatlich geprüften Textiltechniker weiter. Seine fünfjährige Berufserfahrung erfüllte damals die Aufnahmekriterien der Schule.

Wer auf höherer Führungsebene arbeiten möchte, studiert nach dem Abitur oder der Fachhochschulreife Textiltechnik. An Fachhochschulen und Universitäten beträgt die Mindeststudienzeit acht Semester. Der Abschlusstitel lautet Diplomingenieur für Textiltechnik. Nach dem Grundstudium spezialisiert sich jeder auf denjenigen Bereich, in dem er später als Führungskraft arbeiten möchte. Textilingenieure und Textiltechniker beschäftigen sich mit den gleichen Fachgebieten, sie haben aber aufgrund ihrer Ausbildung einen unterschiedlichen Status: Der Techniker untersteht prinzipiell dem Ingenieur.

Die Textiltechnik umfasst alle Vorgänge, die mit der textilen Rohware in Verbindung stehen – es bieten sich also zahlreiche Spezialisierungsmöglichkeiten. Bei der Faden- und Flächenerzeugung beispielsweise entwickeln die Experten Garne und textile Flächen aus Natur- oder Chemiefasern. Aus ihnen kann dann Gewebe, Maschenware oder auch ein Verbundstoff werden. Hier ist Kreativität gefragt – und natürlich technisches Wissen. Der Arbeitsplatz ist die Spinnerei, die Weberei oder auch die Wirkerei.

Veredlungstechnik ist ein weiterer Schwerpunkt. Hier stehen funktionelle und ästhetische Eigenschaften im Vordergrund – wie beispielsweise die Farbgebung durch Färbe- und Druckverfahren. Eintöniger Stoff leuchtet dann in sattem Blau, oder er bekommt ein romantisches Rosenmuster verpasst. Zur Veredlung gehört aber auch, dass manche Textilien durch chemische und mechanische Verfahren mit einer besonderen Eigenschaft ausgestattet werden: Der Stoff für den Winterparka beispielsweise wird wasserabweisend, das Herrenhemd knitterarm.

Manche Experten spezialisieren sich auch auf technische Textilien. Sie entwickeln beispielsweise das Material für Airbags oder für Sicherheitsgurte. Vor allem in der Fahrzeugindustrie und in der Medizin ist ihr Fachwissen gefragt. Diese komplexen Gebiete stellen hohe Ansprüche an die Qualitätssicherung, die Veredlung und die umweltgerechte

Herstellung. Meist steht hier die Forschung und Entwicklung im Vordergrund – und das erfordert natürlich ein Grundwissen auf den anderen Spezialisierungsgebieten.

Grundsätzlich liegt das Arbeitsfeld eines Textilingenieurs oder Textiltechnikers in der Industrie. Je nach Spezialisierungsbereich sind Auslandsaufenthalte nötig, da teilweise in anderen europäischen Ländern und in Asien produziert wird, um Kosten zu sparen. Voraussetzung für den Beruf des Textilingenieurs oder Textiltechnikers ist das Interesse an Stoffen und Technik. Dies bestätigt auch Ullrich Küppers: »Der Job erfordert mein gesamtes technisches Know-how. Die Arbeit mit Stoffen macht mir sehr großen Spaß, weil ich jeden Tag etwas anderes sehe.«

TEXT: CATHRIN DOBELMANN UND SEBASTIAN WARSCHOW

AUSBILDUNG UND DAUER >
Das Studium zum Diplomingenieur für Textiltechnik wird an Fachhochschulen und Universitäten angeboten und dauert in der Regel acht Semester. An technischen Universitäten ist ein Maschinenbaustudium mit dem Schwerpunkt Textiltechnik möglich. Die Ausbildung zum staatlich geprüften Textiltechniker erfolgt an Textilfachschulen und dauert zwei Jahre.

ZUGANGSVORAUSSETZUNGEN >
Für ein Studium:
Fachhochschulreife oder Hochschulreife zuzüglich eines Grundpraktikums von mindestens drei Monaten.

Textilfachschule:
Mittlere Reife, eine abgeschlossene, einschlägige Berufsausbildung und mindestens ein Jahr Berufserfahrung.

INDIVIDUELLE BEGABUNG >
Technisches Verständnis, Kreativität, Trendgespür, räumliches Vorstellungsvermögen, Teamgeist und Organisationstalent.

WEITERBILDUNG >
Für den Textilingenieur die Promotion; für den Textiltechniker: Fachhochschulreife, Ausbildereignungsprüfung.

BESCHÄFTIGUNGSMÖGLICHKEITEN >
Textilingenieure und -techniker arbeiten in Spinnereien, Webereien, Wirkereien, Strickereien, Flechtereien, Klöppeleien sowie bei der Herstellung von Nonwovens und Verbundstoffen. Meist ist der Tätigkeitsbereich die Industrie. Weitere Möglichkeiten sind die Beschäftigung an Hochschulen und als Quereinsteiger z. B. bei Fachverlagen oder Fachzeitschriften.

LITERATUR UND FACHZEITSCHRIFTEN >
»BW Fashion Technics – Internationales Magazin für die Modeindustrie«, Context International, www.fashion-technics.de

»DNZ Die neue Nähmaschinenzeitung international«, Bielefelder Verlagsanstalt

»Textilmitteilungen TM«, Branche & Business

ADRESSEN UND LINKS >
Fachhochschule Niederrhein
Webstuhlstr. 31
41065 Mönchengladbach
Tel. 02161/1860
www.fh-niederrhein.de

Fachhochschule Coburg
Abt. Münchberg
Kulmbacher Str. 76
95213 Münchberg
Tel. 09561/3170
www.textilfachschule.de

Hochschule für angewandte Wissenschaften Hamburg
Fachbereich Gestaltung
Armgartstr. 24
22087 Hamburg
Tel. 040/440922
www.haw-hamburg.de

Fachhochschule Albstadt-Sigmaringen
Jakobstr. 6
72458 Albstadt
Tel. 07431/5790
www.fh-albstadt.de

Fachhochschule für Technik & Wirtschaft Zwickau
Klinkenhardtstr. 30
08468 Reichenbach
Tel. 03765/718653
www.fh-zwickau.de

Es ist Sonntag, sieben Uhr morgens, und Visagist Erik steht in einem improvisierten Umkleideraum vor einem großen Spiegel. In einer Stunde ist Showtime für ein Modeshooting. In seinem aufklappbaren Schminkkoffer liegen dutzende von Pinseln, Cremes, Lidschatten und Lippenstiften. Vor ihm sitzt, noch etwas müde, ein Model. Erik ist selbstständiger Visagist, »aus Berufung«, wie er sagt. Und vor allem, weil er Spaß daran hat, Menschen zu verändern, zu verschönern und zu begeistern.

Visagisten beschäftigen sich ausschließlich mit dem Gesicht, oder besser gesagt, mit dem Gesichtsausdruck. Sie versuchen durch Anwendung unterschiedlicher Schminktechniken und mit verschiedenen Präparaten vorhandene Gesichtszüge zu unterstreichen und so die Persönlichkeit zu betonen. Das Schminken soll zugleich helfen, Hautunreinheiten und Unebenheiten zu kaschieren.

Wesentliche Voraussetzung für diesen Beruf ist der Sinn für die ästhetische Wirkung und den Ausdruckscharakter von Formen und Farben. Legendär ist die Schminkkunst von Tyen – seit mehr als 20 Jahren Visagist und langjähriger Star-Make-up-Artist für »Dior«. Er hat diesen Sinn und das Auge für alles Ästhetische: »Ich mag eine Frau nicht mit Make-up verkleiden. Ich mag keinen Karneval im Gesicht. Eine Frau muss schön sein, intelligent, sinnlich und sexy, dann können wahre Kunstwerke entstehen.«

Eine einheitlich geregelte Ausbildung zum Visagisten gibt es nicht. Verschiedene Schulen und Institute bieten jedoch Fortbildungen und Seminare an. Oft wird eine abgeschlossene Friseur- oder Kosmetikausbildung als Zugangsvoraussetzung verlangt. Außerdem richten sich die Kurse an Fotografen und Fotografinnen sowie an Absolventen und Absolventinnen von Modeschulen. Fast alle Lehrgänge sind gebührenpflichtig. Dafür lernen die künftigen Visagisten alles über Farben und Formen, Typenerkennung, Abend-Make-up, Männer-Make-up, Foto-Make-up, Camouflage, Laufsteg-Make-up und Gala-Make-up.

In der Regel arbeiten Visagisten in Schminkstudios, großen Kosmetikstudios oder auf Wellnessfarmen. Besonders begehrt sind aber auch Anstellungen in der Werbung, in der Modebranche (Laufsteg-/Fotoschminken), bei Film- und Fernsehstudios oder an Theatern. Denn hier geht es meist nicht nur um ein schönes Tages-Make-up oder eine Farbberatung – hier kann man sich mit ein bisschen Glück richtig austoben und kreativ werden. Schaut man sich aktuelle Werbekampagnen oder Modestrecken in Magazinen an, erkennt man nämlich schnell: Visagisten können richtige Künstler sein.

Für gelernte Friseure bietet sich noch eine sehr interessante Möglichkeit: Sie können sich aufgrund ihrer Kenntnisse als Hair- und Make-up-Stylisten spezialisieren. Sie fassen in der Branche noch leichter Fuß, da sie gleich zwei wichtige Stylingbereiche abdecken und der Auftraggeber so eine Arbeitskraft einsparen kann. Und das kann aufgrund der großen Konkurrenz in diesem Beruf nur von Vorteil sein,

genau wie kontinuierliches Weiterlernen. Denn mit dem erfolgreichen Abschluss der Lehrgänge ist die berufliche Bildung für einen Visagisten keineswegs beendet: Um den jeweiligen Anforderungen des Arbeitsalltags gerecht zu werden, ist es absolut notwendig, über aktuelles Fachwissen zu verfügen, Neuerungen und Trends zu kennen und anwenden zu können. Die Kosmetikbranche boomt, und der Markt für dekorative Kosmetikartikel bringt ständig Neuentwicklungen hervor. Da das Schminken außerdem dem Diktat der Mode unterworfen ist und sich die Trends somit mindestens zweimal jährlich ändern, heißt es: immer weiterlernen, um sich gegen die Konkurrenz durchsetzen zu können.

Eine weitere Möglichkeit ist, wie bei Erik, der Schritt in die Selbstständigkeit, den viele Visagisten gehen. Reichlich Berufserfahrung und betriebswirtschaftliche Grundkenntnisse sind dafür allerdings Voraussetzung. Und natürlich kann man auch versuchen, die Ausbildung zum Visagisten im europäischen Ausland zu absolvieren. London, Mailand, Paris – die europäischen Modehauptstädte bieten sich dafür besonders an.

TEXT: NICOLE BENKE, VIKTORIA MEDING
UND MARIEKE KALLWEIT

AUSBILDUNG UND DAUER >
Es gibt keine geregelte, rechtlich vorgeschriebene Ausbildung zum Visagisten. Private Schulen und Bildungsinstitute sowie Visagistikstudios und große Kosmetiksalons bieten Seminare an. Manche dauern wenige Tage, andere zehn Monate. Sie werden als Voll- oder Teilzeitunterricht angeboten und enden teils mit internen Prüfungen.

ZUGANGSVORAUSSETZUNGEN >
Rechtlich ist keine Schulbildung vorgeschrieben, doch in den meisten Fällen ist zumindest ein Hauptschulabschluss erforderlich. Oft wird eine abgeschlossene Friseur- oder Kosmetikausbildung verlangt. Kenntnisse in Fotografie und Mode sind ebenfalls nützlich.

INDIVIDUELLE BEGABUNG >
Vorliebe für Haare, Make-up und Styling. Sinn für Ästhetik und den Ausdruckscharakter von Formen und Farben. Talent, Kontaktfreudigkeit und Mobilität sind ebenfalls gefragt.

WEITERBILDUNG >
Ständige Kurse und Seminare (Aufbau-, Ergänzungs- und Zusatzseminare) zur Erweiterung des Fachwissens sind in der Branche unumgänglich, um konkurrenzfähig zu bleiben. Denn neue Trends entstehen täglich.

BESCHÄFTIGUNGS- MÖGLICHKEITEN >
In Schmink- und Kosmetikstudios, in Schönheitsfarmen und Instituten für Visagistik und Ganzheitskosmetik. In der Werbung und im fotografischen Gewerbe, im Messewesen, bei Modenschauen, an Theatern, in Film- und Fernsehstudios.

LITERATUR UND FACHZEITSCHRIFTEN >
»Beauty Bible. Der große Ratgeber für eine perfekte Ausstrahlung«,
Sarah Stacey und Josephine Fairley,
Midena Verlag

»Profi Kosmetik«,
Terra Verlag

»Beauty-Forum«,
Braun Verlag

ADRESSEN UND LINKS >
Academy of Trends
Goethestr. 11
60313 Frankfurt/Main,
Tel. 069/280171

Hamburger Schule für Gesichtsgestaltung – Akademie für Visagismus
Große Bleichen 21
20354 Hamburg
Tel. 040/340351
www.ulrike-schuetze.de

Die Maske Akademie
Alfred-Schütte-Allee 168
51105 Köln
Tel. 0221/834940
www.die-maske.de

Berufsverband Deutscher Kosmetikerinnen e. V. (BDK)
Schadowstr. 72
40212 Düsseldorf
Tel. 0211/365891
www.bdk-kosmverb.de

Visagistenschule body and face
Belfortstr. 8
81667 München
Tel. 089/484492
www.visagistenschule.de

ccd – cosmetic college dillingen
Fuggerstr. 78
89407 Dillingen
Tel. 09071/58590
www.kosmetikschule.de

Designer-Kontakte National

ALL ABOUT EVE
www.allabouteve.de

ANJA GOCKEL
www.anjagockel.de

AYZIT BOSTAN
www.spruethmagerslee.com

BLESS
www.bless-service.de

BLUTSGESCHWISTER
www.blutsgeschwister.de

ELTERNHAUS
www.elternhaus.com

EVAEVA
www.eva-eva.de

EVA GRONBACH
www.evagronbach.de

FKK
www.fkk-fashion.de

FRISCH
www.frisch-berlin.de

GOYAGOYA
www.goyagoya.com

HESSENMOB
www.hessenmob.de

HOTEL
www.hotel-mo.de

JUSTMARIOT
www.justmariot.com

KÖNIG WALTER
www.koenigwalter.de

LIN
www.lin-beeser.com

LITTLE RED RIDING HOOD
www.littleredridinghood.de

MARION KLEINERT
www.marionkleinert.de

MILA ACKER
www.kittytrash.net

QUEEN FOR A DAY
www.qfad.de

SARAH & PATRIK DESIGN
www.sarahundpatrik.com

SIBILLA PAVENSTEDT
www.sibilla-pavenstedt.com

SOAR ACCESSOIRES
www.soarmodedesign.de

STETTER KOETTER
www.stetter-koetter.org

SUSANNE BOMMER
www.susannebommer.com

TANKA
www.tanka-berlin.de

Designer-Kontakte International

HAIDER ACKERMANN
Tel. +33 (0)1 49237979
www.totemfashion.com

AGENT PROVOCATEUR
Tel. +44 (0)20 72350229
www.agentprovocateur.com

GIORGIO ARMANI
Tel. +39 02 723181
www.giorgioarmani.com

AS FOUR
Tel. +1 212 3439777
www.asfour.net

BALENCIAGA
Tel. +33 (0)1 56521717
www.balenciaga.com

DIRK BIKKEMBERGS
Tel. +33 (0)1 40270737
www.bikkembergs.com

MANOLO BLAHNIK
Tel. +44 (0)20 73528622

BLUMARINE
Tel. +39 02 784340
www.blufin.it

HUGO BOSS
Tel. +49 (0)40 4503060
www.boss.com

BOTTEGA VENETA
www.bottegaveneta.com

VÉRONIQUE BRANQUINHO
Tel. +33 (0)1 49237979
www.totemfashion.com

BURBERRY
Tel. +44 (0)20 79680000
www.burberry.com

CACHAREL
Tel. +33 (0)4 66286628
www.cacharel.com

ROBERTO CAVALLI
Tel. +39 05 532421
www.robertocavalli.it

CÉLINE
Tel. +33 (0)1 55801212
www.celine.com

HUSSEIN CHALAYAN
Tel. +33 (0)1 142619980

CHANEL
Tel. +49 (0)40 80091221
www.chanel.com

CHLOÉ
Tel. +33 (0)1 4494 3333
www.chloe.com

COMME DES GARÇONS
Tel. +33 (0)1 47036081

COSTUME NATIONAL
Tel. +39 02 838441
www.costumenational.com

C.P. COMPANY
Tel. +39 02 4220141
www.cpcompany.com

DAKS
Tel. +44 (0)20 74094000
www.daks.com

ANN DEMEULEMEESTER
Tel. +32 (0)3 8305272

DIESEL
Tel. +39 04 24477555
www.diesel.com

CHRISTIAN DIOR
Tel. +33 (0)1 40735444
www.dior.com

DKNY
www.dkny.com

DOLCE & GABBANA
Tel. +39 03 31409211
www.dolcegabbana.it

DSQUARED2
Tel. +39 02 29061668
www.dsquared2.com

ESCADA
Tel +49 (0)89 99441706
www.escada.com

ETRO
Tel. +49 (0)69 9207620
www.etro.it

FENDI
Tel. +33 (0)1 49528452
www.fendi.com

ALBERTA FERRETTI
Tel. +39 05 41965379
www.albertaferretti.it

JOHN GALLIANO
Tel. +33 (0)1 55251111
www.johngalliano.com

JEAN PAUL GAULTIER
Tel. +33 (0)1 44785500
www.jeanpaulgaultier.com

GHOST
Tel. +44 (0)20 89603121
www.ghost.co.uk

MARITHÉ + FRANÇOIS GIRBAUD
Tel. +39 02 54116077
www.girbaud.com

GIVENCHY
Tel. +33 (0)8 25825590
www.givenchy.com

GUCCI
Tel. +49 (0)40 4503060
www.gucci.com

ALEXANDRE HERCHCOVITCH
Tel. +33 (0)1 49237979
www.herchcovitch.com

HERMÈS
Tel. +33 (0)1 40174600
www.hermes.com

TOMMY HILFIGER
Tel. +49 (0)40 4503060
www.hilfiger.com

MARC JACOBS
Tel. +1 212 3430222
www.marcjacobs.com

DONNA KARAN
Tel. +1 212 7891500
www.donnakaran.com

KENZO
Tel. +33 (0)1 40397253
www.kenzo.com

CALVIN KLEIN
Tel. +49 (0)89 21937910

MICHAEL KORS
Tel. +39 02 65569841
www.michaelkors.com

LACOSTE
Tel. +33 (0)1 44826900
www.lacoste.com

CHRISTIAN LACROIX
Tel. +33 (0)1 42687900
www.christian-lacroix.com

LAGERFELD GALLERY
Tel. +33 (0)1 44502200

HELMUT LANG
Tel. +1 212 3341014
www.helmutlang.com

LANVIN
Tel. +33 (0)1 55905292
www.lanvin.com

LEVI STRAUSS & CO
Tel. +32 (0)2 6416011
www.levis.com

RENÉ LEZARD
www.renelezard.com

LOEWE
Tel. +34 91 3606100
www.loewe.com

LOUIS VUITTON
Tel. +49 (0)89 5998890
www.vuitton.com

MARKUS LUPFER
Tel. +44 (0)20 73779323

LUTZ
Tel. +33 (0)1 42331803

MAISON MARTIN MARGIELA
Tel. +33 (0)1 44534326

MARNI
Tel. +39 02 70005479
www.marni.it

ANTONIO MARRAS
Tel. +39 05 1536904

STELLA MCCARTNEY
Tel. +39 02 880051
www.stellamccartney.com

ADRESSEN & KONTAKTE :: DESIGNER

ALEXANDER MCQUEEN
Tel. +1 212 5905122
www.alexandermcqueen.com

MISSONI
Tel. +39 03 31988000
www.missoni.it

MIU MIU
Tel. +39 02 76001799
www.miumiu.com

ISSEY MIYAKE
Tel. +33 (0)1 44545600
www.isseymiyake.com

ANNA MOLINARI
Tel. +39 02 784340
www.blufin.it

HAMISH MORROW
Tel. +44 (0)20 73779444

MOSCHINO
Tel. +39 02 754131
www.moschino.it

PIERROT
Tel. +1 212 9973600

POLO RALPH LAUREN
Tel. +44 (0)20 75354600
www.polo.com

ZAC POSEN
Tel. +1 212 9251263
www.zacposen.com

PRADA
Tel. +41 919866100
www.prada.com

PROENZA SCHOULER
www.proenzaschouler.com

EMILIO PUCCI
Tel. +39 0552 61841
www.pucci.com

PACO RABANNE
Tel. +33 (0)1 40884545
www.pacorabanne.com

JOHN RICHMOND
Tel. +39 02 77331500
www.johnrichmond.com

ROCHAS
Tel. +33 (0)1 53572200
Oder +33 (0)1 43148528

NARCISO RODRIGUEZ
Tel. +39 02 6329300
www.aeffe.com

RUFFO
Tel. +39 02 700661
www.ruffo.it

SONIA RYKIEL
Tel. +33 (0)1 49546060
www.soniarykiel.com

JIL SANDER
Tel. +49 (0)40 553020
www.jilsander.com

STEPHAN SCHNEIDER
Tel. +32 (0)32262614

JEREMY SCOTT
Tel. +1 323 6628990

RAF SIMONS
Tel. +33 (0)1 49237979
www.rafsimons.de

PAUL SMITH
Tel. +44 (0)20 78367828
www.paulsmith.co.uk

MISS SIXTY
Tel. +39 08 715891
www.misssixty.com

STRENESSE
Tel. +49 (0)89 36849612
www.strenesse.com

ANNA SUI
Tel. +1 212 7681951
www.annasui.com

ATSURO TAYAMA
Tel. +33 (0)1 40291515

EMANUEL UNGARO
Tel. +33 (0)1 53570000
www.emanuelungaro.com

VALENTINO
Tel. +39 02 624921
www.valentino.it

WALTER VAN BEIRENDONCK
Tel. +32 (0)3 2317732

DRIES VAN NOTEN
Tel. +33 (0)1 42744407

AF VANDEVORST
Tel. +33 (0)1 53361205
www.totemfashion.com

VERSACE
Tel. +39 02 760931
www.versace.com

VIKTOR & ROLF
Tel. +39 02 70100803

JUNYA WATANABE
Tel. +33 (0)1 47036080

VIVIENNE WESTWOOD
Tel. +44 (0)20 74391109
www.viviennewestwood.com

BERNHARD WILLHELM
Tel. +33 (0)1 49237979
www.totemfashion.com

MATTHEW WILLIAMSON
Tel. +44 (0)20 76374600
www.matthewwilliamson.co.uk

YOHJI YAMAMOTO
Tel. +33 (0)1 42789411
www.yohjiyamamoto.co.jp

GASPARD YURKIEVICH
Tel. +33 (0)1 42774246

Mode-PR-Agenturen

YVES SAINT LAURENT RIVE GAUCHE
Tel. +33 (0)1 56626400
www.ysl.com

MARIA CORNEJO BY ZERO
Tel. +1 212 9973600

BERNDT & BERNDT COMMUNICATIONS
Tel. 089 3611113

COPLAN PR
Tel. 0211 5309227

CORINNA KOWALEWSKY COMMUNICATIONS
Tel. 089 5998890
www.kowalewsky-communications.de

FASHION ROYAL PR
Tel. 040 46072270

GIRAULT–TOTEM
Tel. 030 6179950
www.girault-totem.de

HÄBERLEIN & MAUERER
Tel. 030 7262080
www.haebmau.de

HENRI + FRANK PR
Tel. 040 32027710
www.henriplusfrank-pr.de

JUNG PR
Tel. 089 987113

KRAUTS PR
Tel. 089 346966
www.krauts.de

LOEW´S
Tel. 089 21937910

MODEMEDIA PR & EVENTS
Tel. 0211 4396371
www.modemedia.de

MRS. POLITELY
Tel. 040 30399690
www.mrs-politely-pr.de

MUNFORD PR
Tel. 089 47077333

NETWORK PR
Tel. 040 4503060
www.network-pr.de

NICOLE WEBER COMMUNICATIONS
Tel. 040 41353190
www.nicoleweber.de

ON TIME PR
Tel. 05251 280498

PPR HARDER
Tel. 089 9452890
www.pprharder.com

PUBLIC-IMAGES
Tel. 02154 49390
www.public-images.de

ROSENTHAL TRADING
Tel. 0211 4303000
www.rosenthaltrading.de

SCHOELLER & VON REHLINGEN PR
Tel. 089 9984270
www.svr-pr.de

SCHRADER CONSULT
Tel. 069 9207620

TEXTOR
Tel. 089 9984140

Modeschulen National

A

AMD AKADEMIE MODE & DESIGN
www.amdnet.de

AMD HAMBURG – CITY SÜD
Wendenstr. 35c
20097 Hamburg
Tel. 040 237878-0

AMD HAMBURG – CENTRAL
Lange Reihe 13
20099 Hamburg
Tel. 040 280088-0

AMD DÜSSELDORF
Gustav-Poensgen-Str. 29
40215 Düsseldorf
Tel. 0211 38626-0

AMD MÜNCHEN
Ohmstr. 15
80802 München
Tel. 089 386678-0

AKADEMIE JAK MODEDESIGN
Friedrich-Ebert-Damm 31
22159 Hamburg
Tel. 040 64529 41
www.jak.de

B

BEKLEIDUNGSFACHSCHULE ASCHAFFENBURG
Schneidmühlenweg 3
63741 Aschaffenburg
Tel. 06021 429490
www.bekleidungsfachschule.de

D

DEUTSCHE MEISTERSCHULE FÜR MODE
Roßmarkt 15
80331 München
Tel. 089 23322423
www.fashionschool.de

E

ESMOD – INTERNATIONALE MODESCHULE BERLIN
Schlesische Str. 29/30
10997 Berlin
Tel. 030 6112214
www.esmod.de

ESMOD MÜNCHEN
Fraunhofer Str. 23h
80469 München
Tel. 089 2014525
www.esmod.de

F

FACHHOCHSCHULE BIELEFELD
Fachbereich Gestaltung
Lampingstr. 3
33615 Bielefeld
Tel. 0521 1067616
www.fh-bielefeld.de

FACHHOCHSCHULE HANNOVER
Fachbereich Design und Medien
Expo Plaza 2
30539 Hannover
Tel. 0511 92962304
www.dm.fh-hannover.de

FACHHOCHSCHULE KAISERSLAUTERN
Standort Pirmasens
Carl-Schurz-Str. 1-9
66953 Pirmasens
Tel. 06331 24830
www.fh-kl.de

FACHHOCHSCHULE PFORZHEIM
Bereich Gestaltung
Holzgarten Str. 36
75175 Pforzheim
Tel. 07231 286724
www.fh-pforzheim.de

FACHHOCHSCHULE FÜR TECHNIK UND WIRTSCHAFT BERLIN (FHTW)
Treskowallee 8
10318 Berlin
Tel. 030 50190
www.fhtw-berlin.de

FACHHOCHSCHULE TRIER
Fachbereich Modedesign
Schneidershof
54293 Trier
Tel. 0651 8103830
www.fh-trier.de

FRANKFURTER SCHULE FÜR BEKLEIDUNG UND MODE
Hamburger Allee 23
60486 Frankfurt
Tel. 069 21235268
www.modeschule.de

H

HOCHSCHULE FÜR ANGEWANDTE WISSENSCHAFTEN HAMBURG
Fachbereich Gestaltung
Armgartstr. 24
22087 Hamburg
Tel. 040 428754637
www.haw-hamburg.de

HOCHSCHULE FÜR BILDENDE KÜNSTE
Lerchenfeld 2
22081 Hamburg
Tel. 040 2290841
www.hfbk.de

HOCHSCHULE FÜR KÜNSTE BREMEN
Fachbereich Bildende Kunst
Am Speicher XI Nr. 8
28217 Bremen
Tel. 0421 95951000
www.hfk-bremen.de

HOCHSCHULE NIEDERRHEIN
Reinarzstr. 49
47805 Krefeld
Tel. 02151 822622
www.hs-niederrhein.de

HOCHSCHULE REUTLINGEN FÜR TECHNIK UND WIRTSCHAFT
Alteburgstr. 150
72762 Reutlingen
Tel. 07121 2710
www.fh-reutlingen.de

K

KUNSTHOCHSCHULE BERLIN-WEISSENSEE
Hochschule für Gestaltung
Bühringstr. 20
13086 Berlin
Tel. 030 47705246
www.kh-berlin.de

L

LEHRANSTALT DES DEUTSCHEN TEXTILEINZELHANDELS
Vogelsangweg 23
72202 Nagold
Tel. 07452 84090
www.ldt.de

LETTE-VEREIN BERUFSFACHSCHULE FÜR DESIGN
Viktoria-Luise-Platz 6
10777 Berlin
Tel. 030 21994131
www.lette-verein.de

M

MODESCHULE MÖNCHENGLADBACH AM MARIA-LENSSEN-BERUFSKOLLEG
Werner-Gilles-Str. 20-32
41236 Mönchengladbach
Tel. 02166 628770
www.modeschule-mg.de

MODEFACHSCHULE SIGMARINGEN
Römerstr. 22
72488 Sigmaringen
Tel. 07571 740112
www.modefachschule.de

M. MÜLLER & SOHN DÜSSELDORF
Fachschule für Mode und Schnitttechnik
Graf-Adolf-Str. 25
40212 Düsseldorf
Tel. 0211 381055

M. MÜLLER & SOHN MÜNCHEN
siehe AMD München

S

STAATLICHE AKADEMIE DER BILDENDEN KÜNSTE STUTTGART
Am Weissenhof 1
70191 Stuttgart
Tel. 0711 284400
www.abk-stuttgart.de

STAATLICHE MODESCHULE STUTTGART
Fachschule für Entwurfsdirektricen
Ulmerstr. 227
70327 Stuttgart
Tel. 0711 4890950
www.lgabw.de/modeschule

U

UNIVERSITÄT DER KÜNSTE BERLIN
Hardenbergstr. 33
10587 Berlin
Tel. 030 31852015
www.udk-berlin.de

W

WESTSÄCHSISCHE HOCHSCHULE ZWICKAU
Fachbereich Textil und Bekleidung
Goethestr. 1
08289 Schneeberg
Tel. 03772 35070
www.fh-zwickau.de

Modeschulen International

Antwerpen

ROYAL ACADEMY OF FINE ARTS ANTWERPEN
Nationalestraat 28
2000 Antwerpen
Tel. +32 (0)3 2060880
www.modenatie.com

London

CENTRAL SAINT MARTINS COLLEGE OF ART AND DESIGN
Southampton Row
London WC1B 4AP
Tel. +44 (0)20 75147000
www.csm.linst.ac.uk

ROYAL COLLEGE OF ART
Kensington Gore
London SW7 2EV
Tel. +44 (0)20 75904444
www.rca.ac.uk

LONDON COLLEGE OF FASHION
20 John Prince`s Street
London W1G 0BJ
Tel. +44 (0)20 75147500
www.lcf.linst.ac.uk

Los Angeles

FASHION INSTITUTE OF DESIGN AND MERCHANDISING
919 South Grand Avenue
Los Angeles CA 90015-1421
www.fidm.com

OTIS COLLEGE OF ART AND DESIGN
9045 Lincoln Boulevard
Los Angeles CA 90045
www.otis.edu

Mailand

ISTITUTO EUROPEO DI DESIGN
Via A. Sciesa, 4
20135 Mailand
Tel. +39 0 2 5796951
www.ied.it

ISTITUTO MARANGONI
Via M. Gonzaga, 6
20123 Mailand
Tel. +39 0 2 86463555
www.istitutomarangoni.com

SDA BOCCONI UNIVERSITY SCHOOL OF MANAGEMENT
Via Bocconi 8
20136 Mailand
Tel. +39 0 2 58366605
www.sdabocconi.it

Moskau

MOSCOW TEXTILE ACADEMY
1 Malaya Kaluzhskaya Ulitsa
Moskau

New York

FIT FASHION INSTITUTE OF TECHNOLOGY
7th Avenue at 27th Street
New York, NY 10001-5992
Tel. +1 212 2177999
www.fitnyc.suny.edu

PARSONS SCHOOL OF DESIGN
2 West 13th Street
New York, NY 10011
Tel. +1 212 2298910
www.parsons.edu

Paris

STUDIO BERÇOT
29, rue des Petites-Ecouries
75010 Paris
Tel. +33 (0)1 42461555
www.studio-bercot.com

ESMOD PARIS (INTERNATIONAL)
16, Bd Montmartre
75009 Paris
Tel +33 (1) 42 46 98 48
www.esmod.com

INSTITUT FRANÇAIS DE LA MODE
33 rue Jean Goujon
75008 Paris
Tel. +33 (0)1 56592222
www.ifm-paris.org

Tokio

BUNKA FASHION COLLEGE
3-22-1 Yoyogi
Shibuya-ku
Tokio
Tel. +81 (3) 32992222
www.bunka-fc.ac.jp/

MODE GAKUEN
1-6-2 Nishi Shinjuku
Shinjuku-ku
Tokio
Tel. +81 (3) 334446000
www.c-channel.com/c00733/

AMD EDITION ADRESSEN & KONTAKTE :: AMD AKADEMIE MODE & DESIGN

KADEMIE MODE & DESIGN: MIT STANDORTEN IN HAMBURG, DÜSSELDORF UND MÜNCHEN

Impressum

HERAUSGEBER
Olaf Wulf

PROJEKT-LEITUNG UND INHALTLICHE KONZEPTION
Kerstin Moeser
www.plan17.de

GESTALTUNG UND LAYOUT
Lambert und Lambert,
Düsseldorf
www.lambertundlambert.de

FOTOS
Sonja Schäfer
www.schaeferfoto.de

MARKETING UND KOORDINATION
Barbara König
barbara.koenig@amdnet.de

LEKTORAT
Hiltrud Bontrup
hiltrud.bontrup@web.de

AUTOREN
Philip Alsen
Boris Alt
Nicole Benke
Juliane Breuer
Anne Brockhaus
Juliane Buchwalsky
Cathrin Dobelmann
Vanessa Haupt
Petra-Anna Herhoffer
Ruth Hoffmann
Wiebke Hövelmeyer
Marieke Kallweit
Dela Kienle
Lars Kittelmann
Nina Kleckow
Franziska Lage
Eva Lehnen
Lars-Peter Linke
Viktoria Meding
Kerstin Moeser
Nele Naber
Nora Petereit
Anneke Reinschmidt
Michael Schacht
Marion Scheithauer
Inka Schmeling
Eleonore von Schwanenflügel
Juliane Seeßelberg
Lesley Sevriens
Nadine Sieger
Christoph Tophinke
Romy Uebel
Judith Utz
Sebastian Warschow
Julita Zaremba

DANK AN UNSERE FIRMENPARTNER
Amica
Adidas
Freitag
Levi Strauss
Tom Tailor
Windsor

DANK FÜR DIE TOLLE UNTERSTÜTZUNG AN
Ayse Azizoglu
Rike Doepp von Giraut-Totem
Ernesto Gonzales
Journalistenverbund Plan 17
Christoph Meyer-Adler
Sarah Shatz
Birke Brekwoldt
E-Models
Kerstin Rathe
Michael Goldenbaum
Tatjana Stelter-Post
Theaterkunst
Led Lab
Jaqueline Lopez-Diaz
Bloom

GEAMTHERSTELLUNG
Druckerei Heinrich
Winterscheidt GmbH
Corneliusstr. 48
40215 Düsseldorf

VERTRIEB
AMD Projects GmbH
Lange Reihe 13
20099 Hamburg
Tel. 040 28 00 88-80
Fax 040 28 00 88-88
Info 0700 14 000 000
www.amdprojects.com
info@amdprojects.com

ISBN
3-9809411-0-8